La memoria

1299

DELLO STESSO AUTORE
in questa collana

Per legge superiore
Morte di un uomo felice
Un solo paradiso
Il Mago di Riga

nella collana «Il contesto»

Prima di noi

Giorgio Fontana

Kafka
Un mondo di verità

Sellerio editore
Palermo

Questo volume è stato stampato su carta Arena Ivory Smooth prodotta dalle Cartiere Fedrigoni con materie prime provenienti da gestione forestale sostenibile.

Fontana, Giorgio <1981>

Kafka : un mondo di verità / Giorgio Fontana. - Palermo : Sellerio, 2024.
(La memoria ; 1299)
EAN 978-88-389-4657-8
1, Kafka, Franz
833.912 CDD-23 SBN Pal0370175

CIP - *Biblioteca centrale della Regione siciliana «Alberto Bombace»*

Kafka
Un mondo di verità

In un mondo di menzogna, la menzogna non viene bandita dal mondo nemmeno attraverso il suo contrario, bensì attraverso un mondo di verità.

FRANZ KAFKA, *Quaderni in ottavo*

Prefazione

Ancora Kafka. Perché? Cento anni dopo la sua morte non ha perso un'oncia di fascino, e questo è già un problema. A pochi scrittori è riservato il fato di diventare aggettivo; a pochissimi che nome e aggettivo escano dall'ambito letterario per creare subito, in ogni contesto, «una determinata atmosfera emozionale»:[1] Kafka, si dice allora, descrive la condizione dell'uomo contemporaneo; ha fatalmente anticipato i totalitarismi; svela il cuore di società sempre più burocratizzate e disumanizzate. Per la sintesi di Wikipedia la sua opera è «pregna di temi e archetipi di alienazione, brutalità fisica e psicologica, conflittualità genitori/figli, presentando personaggi in preda all'angoscia esistenziale, labirinti burocratici e trasformazioni mistiche».[2]

Simili opinioni – in larga parte generiche o sfocate – sono spesso legate agli eventi che seguirono la morte di Kafka, la Shoah in primo luogo. Cer-

[1] G. Baioni, *Kafka. Romanzo e parabola*, Feltrinelli, Milano 1962, p. 26.
[2] https://it.wikipedia.org/wiki/Franz_Kafka.

to è inevitabile che i fatti del secolo trascorso ne abbiano condizionato la lettura, conferendogli uno status da profeta. Ma ciò implica un'ulteriore cautela: dovremmo difendere Kafka dalle nostre proiezioni indebite, e l'unico modo è concentrarsi sui testi senza ritagliare singole frasi da usare come grimaldelli per scassinare l'intera opera – senza incorrere nell'errore che il sacerdote del *Processo* imputa a Josef K.: «Tu non rispetti abbastanza lo scritto e cambi la storia».[3]

Purtroppo anche qui sorge un problema: è impossibile leggere Kafka senza essere preceduti da un'interpretazione o da un pregiudizio, proprio a causa della sua fama e della quantità esorbitante di testi e conversazioni in cui è evocato. Michelle Woods osserva che lo leggiamo in traduzione, e non solo nel senso linguistico del termine: Kafka è al centro di una rete di mutazioni di sé in icona, oggetto di critica letteraria, fonte di riflessioni filosofiche, merce persino.[4] È una preda ideale per chi vuole trovarvi un messaggio già confezionato o un appiglio alle proprie certezze: abbiamo così un Kafka per tutte le ideologie, per tutte le

[3] F. Kafka, *Il processo*, in *Tutti i romanzi. Tutti i racconti e i testi pubblicati in vita*, introduzione, traduzione e note a cura di M. Nervi, Bompiani, Milano 2023, p. 787.

[4] Cfr. M. Woods, *Kafka Translated. How Translators have Shaped our Reading of Kafka*, Bloomsbury Academic, New York-London 2014, p. 3.

occasioni. Ma pure le idee più stimolanti sono esposte al rischio di calcificarsi in luoghi comuni e, ancor peggio, ci derubano della meraviglia.

Anche perché a una lettura attenta ci si accorge come ogni esegesi univoca sia condannata a fallire: c'è sempre una via ulteriore che si apre, un'ulteriore svolta nel labirinto: ogni tentativo di far dire a Kafka soltanto ciò che vorremmo diviene subito protervo, persino ridicolo: la pagina lo rispedisce al mittente.

Le vaste generalizzazioni sono attraenti e comode, dunque pericolose; ad esempio si ritiene che la colpa sia il motore dell'intera macchina kafkiana, e così si erge solo una parte della sua opera – in realtà molto più varia – a principio esegetico. Oppure si nominano alla rinfusa *jiddish padre divino angoscia burocrazia*, ma tali concetti ci allontanano irrimediabilmente dal testo: creano immagini di Kafka che non corrispondono se non in piccola parte a quanto ha scritto, e disperdono la sua fenomenale ricchezza espressiva.

O la sua oscurità, perché no. Leggendolo è normale, anzi salutare domandarsi: *Ma che diavolo vuol dire?* Nel 1917 un tale dottor Siegfried Wolff scrisse a Kafka chiedendo lumi sulla *Metamorfosi*, dato che né lui né la sua famiglia avevano saputo capire il racconto; e nonostante l'abbondanza di commenti oggi a disposizione, ci sentiamo ancora un po' nei suoi panni.[5] Pretendere di aver decifrato tutto significa aver letto male, perché c'è un enigma impenetrabile che Kafka ha cucito nel profondo nelle sue righe. E forse a furia di scavare con ogni sorta di attrezzo (filologico, psicologico, teologico) alla ricerca del tesoro sepolto, con un puntiglio a volte un po' autolesionista, ci siamo scordati dei doni offerti in superficie: la tersa bellezza della prosa, l'inesauribile fertilità creativa.

Non essendo né un germanista né un filologo, e avendo lavorato quasi sempre in traduzione, sfrutterò dunque la mia specificità: ragionerò insomma da scrittore. Ciò comporta, ad esempio, la diffidenza verso tesi onnicomprensive preferendo lo studio dei modi in cui Kafka si rapporta alla pagina: problemi concreti, in apparenza umili ma in realtà decisivi come la scelta di un nome, l'entrata in scena di un personaggio, il posizionamento di una svolta narrativa. Non mi limiterò a questo, ma sarà la base del mio lavoro.

Per cominciare, consideriamo l'effetto provocato su di noi dalle storie di Kafka: siamo qua-

[5] La lettera si trova in R. Stach, *Questo è Kafka? 99 reperti*, traduzione di S. Dimarco e R. Cazzola, Adelphi, Milano 2016, p. 259. Non abbiamo traccia di un'eventuale risposta di Kafka.

si costretti a vivere la rottura descritta e precipitare nel gorgo di insicurezza.[6] Già Adorno parlava di una sovversione del tipico rapporto contemplativo con i testi: Kafka implica che essi «investano la dimensione affettiva del lettore a un punto tale che questi tema che il raccontato si avventi su di lui».[7]

È così. Naturalmente la sensazione di essere attraversati dalle parole non è un alibi per leggere frettolosamente, quasi che il libro agisca per magia senza il nostro contributo; al contrario un'emozione così intensa e rara deve spingerci a maggiore scrupolo. Ma ci sono istanti in cui le sue pagine sembrano realmente guardarci, leggerci nel profondo e non viceversa: le immagini ci dominano, ne percepiamo l'urgenza, la radicale necessità; intuiamo che la posta in gioco è altissima.

Perché l'arte di Kafka è difficile, ma non è mai pretenziosa o disonesta. Non bara, non gioca a ingannare deliberatamente: se la avviciniamo con spi-

[6] Cfr. U. Gaier, «'Chorus of lies'-On interpreting Kafka», *German Life and Letters*, 22, 1969, p. 285.

[7] T.W. Adorno, *Appunti su Kafka*, in *Note per la letteratura*, introduzione e cura di S. Givone, Einaudi, Torino 2012, p. 237. Vedi anche E.T. Troscianko, *Reading Kafka*, in C. Duttlinger (edited by), *Franz Kafka in Context*, Cambridge University Press, Cambridge 2018, pp. 283-292, e D. Constantine, *Kafka's writing and our reading*, in J. Preece (edited by), *The Cambridge Companion to Kafka*, Cambridge University Press, Cambridge 2002, pp. 9-24.

rito libero ancora oggi erompe dalle sue pagine la verità che egli tanto cercava.

L'ho sempre creduto, fin dal primo momento in cui aprii *Il processo*. Avevo diciassette anni e non ci capii granché, ma ne rimasi sconvolto: davvero la letteratura poteva spingersi tanto in là? Davvero era possibile chiedere ai lettori una simile disponibilità a credere? Così da decenni vado ripetendo che Franz Kafka è il mio scrittore preferito, ma ogni volta avverto una punta amara sulla lingua, il gusto inconfondibile dell'imprecisione. Parlando di lui cerco ogni volta una parola mai coniata, e che pure dovrebbe esistere. Ci sono scrittori e scrittrici che rileggo più frequentemente, ma di nessuno potrei affermare quel che Franz stesso affermò di Strindberg:

> Non lo leggo per leggerlo, ma per posare la testa sul suo petto. Egli mi tiene come un bambino sul braccio sinistro. Vi sto seduto come un uomo su una statua. Dieci volte in pericolo di scivolare giù, all'undicesimo tentativo siedo saldamente, sono sicuro, e ho un ampio orizzonte.[8]

E c'è tutto, direi: il pericolo di scivolare, di non capire, di arrendersi; e all'ennesimo tentativo, in-

[8] F. Kafka, *Confessioni e diari*, a cura di E. Pocar, Mondadori, Milano 1972, p. 534.

fine, un senso di saldezza. L'orizzonte che si spalanca all'improvviso.

Tale sensazione, inutile negarlo, ha a che fare con la vita stessa di Kafka – oggetto di indagine e curiosità morbosa tanto quanto la sua opera, se non di più. È molto semplice schiacciare l'una sull'altra trovando coincidenze ovunque, e così del resto è stato fatto; ma è un automatismo che non rende giustizia a uno scrittore della sua levatura e probità. *Questo spiega tutto*, si pensa sollevati analizzando il rapporto tra Kafka e il padre. Invece non spiega nulla: né l'estro stilistico, né la potenza simbolica, né le finezze di trama; dà solo l'illusione di aver compreso, da cui una massa di luoghi comuni. E soprattutto rende Kafka inoffensivo; per usare un'espressione di Sartre, «ne garantisce l'uso senza rischi».[9]

A ciò si somma una questione morale: occorre chinarsi con riluttanza sugli scritti privati di Kafka, che per sua volontà non avrebbero dovuto essere pubblicati. L'argomento di Canetti per il quale Franz stesso, «la cui massima caratteristica era il rispetto, non è rifuggito dalla lettura sempre di nuovo ripresa delle lettere di Kleist, di Flaubert, di Hebbel»,[10] non regge: l'eventua-

[9] J.-P. Sartre, *Che cos'è la letteratura?*, a cura di F. Brioschi, Mondadori, Milano 1990, p. 72.

[10] E. Canetti, *L'altro processo. Le lettere di Kafka a Felice*, traduzione di A. Ceresa, Guanda, Milano 1990, p. 12.

le mancanza di una persona non giustifica la nostra nei suoi confronti.

Però è indispensabile leggerli: sono un documento preziosissimo che illumina la passione di scrivere «come una specie di *vocazione proibita*» (così Genette sulla corrispondenza di Flaubert, aggiungendo che il solo paragone possibile sono proprio i *Diari* di Kafka).[11] Dunque li useremo, così come useremo i testi letterari inediti in vita, ma coscienti di invadere la privacy di un morto; e qui il plurale valga come patto: siamo tutti colpevoli, lettrici e lettori. Troppi hanno sfruttato senza riserbo ogni riga personale di Franz, edificando carriere sopra ciò che avrebbe dovuto essere consegnato alle fiamme per sua stessa volontà; Auden ha ipotizzato perfidamente che forse, «quando espresse il desiderio di veder distrutti i suoi scritti, Kafka presentì la natura di troppi suoi odierni ammiratori».[12]

Lo stesso fascino che promana della sua biografia non va stravolto o usato come scusa; invita anzi a esercitare un più severo pudore. Come dice splendidamente Adriano Sofri: «Si ama Kafka in due modi opposti e complementari: con la devota soggezione suscitata dal riconoscimento di un do-

[11] G. Genette, *Figure. Retorica e strutturalismo*, traduzione di F. Madonia, Einaudi, Torino 1969, p. 221.
[12] W.H. Auden, *L'io senza sé*, in *La mano del tintore*, traduzione di G. Fiori, Adelphi, Milano 1999, p. 204.

no inaudito dell'intelligenza messa in scrittura; e con la trepidazione protettiva verso un'esistenza offesa e spiritosa».[13]

Desidero preservare questo amore – forse non c'è davvero altra parola – unendolo al massimo della cura: ripagare Kafka del debito culturale che abbiamo contratto con lui e del debito personale che provo io da almeno venticinque anni, leggendolo con la mente il più sgombra possibile.

[13] A. Sofri, *Piccola posta*, «il Foglio», 22.12.2021.

Notte e giorno

1. *Alla scrivania*

C'è un uomo alla scrivania. Un uomo è chino sulla scrivania a tarda notte, nella sua stanza della casa paterna benché abbia quasi trent'anni. Il tavolo presso cui lavora è piuttosto semplice ma non privo d'eleganza: un *secrétaire* in legno dalle gambe aguzze, dotato di pratici cassetti superiori e inferiori – «una scrivania di buoni sentimenti borghesi che deve educare»,[14] scherzava da ragazzo con l'amico Oskar Pollak.

Ma non vi scrive nulla di borghese, anzi. Dopo le dieci di sera, quando il resto della famiglia è a letto e finalmente la casa è in uno stato di relativo silenzio, l'uomo estrae quaderni in ottavo dalle copertine nere e marroni e comincia ad annotare; se fa troppo freddo o sente ancora baccano – la sua camera è posizionata fra quella dei genito-

[14] F. Kafka, *Lettere*, a cura di F. Masini, Milano 1988, p. 8. Altre informazioni sulla scrivania si trovano in R. Stach, *Questo è Kafka? 99 reperti*, cit., pp. 105-107.

ri e il salotto, con una porta in vetro opaco che lascia filtrare rumore e luce – si trasferisce in sala con penna e calamaio. Resta così fino all'una, le due, talora fino all'alba.

L'uomo è abituato a passare l'intera giornata in una posizione simile, in ufficio, ma per quanto complesso sia il lavoro – è un abile professionista del ramo assicurativo – non può creare la medesima tensione. Durante le ore diurne trascina il suo corpo in giro per Praga, aspettando il momento in cui potrà dedicarsi a quanto ha di più caro: tentare di scrivere righe che abbiano una propria necessità assoluta, una *verità interiore*.[15]

In una pagina del diario commenta una silhouette di Goethe a figura intera, traendo un'impressione secondaria «di disgusto alla vista di quel corpo umano perfetto [...]. Il portamento eretto, le braccia abbandonate, il collo sottile, la piega del ginocchio».[16] Il bel profilo goethiano, la sua prosa olimpica e luminosa, lo «sguardo pastorale» –

[15] È l'espressione usata per un racconto che lo soddisfò sempre, *La condanna*: «è un po' selvaggio e assurdo e se non avesse una sua verità interiore (cosa che non si può mai stabilire sulle generali, ma deve ogni volta essere confermata o negata da ogni lettore o ascoltatore), non sarebbe niente» (F. Kafka, *Lettere a Felice. 1912-1917*, raccolte ed edite da E. Heller e J. Born, tradotte da E. Pocar, Mondadori, Milano 1972, p. 127). E quando confessa di provare delusione nel rileggere quanto sta scrivendo – *Il disperso* – la ragione è che «soltanto il primo capitolo proviene da intima verità» (ivi, p. 327).

[16] F. Kafka, *Confessioni e diari*, cit., p. 332.

è tutto sbagliato, o comunque non praticabile in un appartamento condiviso con padre madre e tre sorelle, dopo una giornata da impiegato.

L'uomo legge molto l'autore del *Faust*, quando annota queste righe nel 1912: l'ammirazione è paralizzante, quasi gli ferma la mano, benché la strada che lui sta per imboccare sia opposta nella prosa come nella vita. Goethe inaugura la soggettività autoriale, la scrittura come professione; detta al segretario opere e diari; ha una visione molto cosciente della sua opera completa, di cui cura tre edizioni; e la sua giornata a Weimar (ospite del duca regnante, circondato da un vivace ambiente intellettuale) è più o meno sempre identica: la mattina dedicata alle epistole e all'attività letteraria, un buon pranzo verso le due, al pomeriggio gli ospiti e la sera ancora lettura e scrittura.[17]

Il nostro invece pratica la modestia e l'esitazione, non ha piani titanici, e anni dopo dirà che «il primo presupposto per essere scrittori non è quello di essere desti, ma di obliare se stessi».[18] Tra giugno e luglio si reca in pellegrinaggio alla dimora goethiana di Weimar con l'amico Max Brod, ma i resoconti dell'esperienza si concentrano per lo più sul flirt con Margarethe Kirchner, la figlia del cu-

[17] Traggo queste notizie dalla bella monografia di G. Catalano, *Goethe*, Salerno Editrice, Roma 2014.

[18] F. Kafka, *Lettere*, cit., p. 459.

stode.[19] Il Natale dell'anno precedente si è spinto ad affermare che la potenza di Goethe è talmente grande da aver ritardato l'evoluzione della lingua tedesca.[20] E ha ragione: per arginare un simile influsso e aprire nuove strade serviva un altro genio – serviva *lui*.

Tale contrasto tra notte e giorno può apparire un po' schematico, eppure la scrittura dell'uomo si nutrirà proprio di termini così semplici, di immagini elementari – castello, processo, villaggio, condanna – cui però saprà infondere una vibrazione nuova. *Mehr Licht*, pare abbia mormorato Goethe sul letto di morte: probabilmente desiderava solo che fossero scostate le tende, ma le parole entrarono nella leggenda. «Più luce». Il nostro avrebbe potuto dire al contrario *Mehr Nacht* – «più notte».

Due anni prima ha spedito a Brod una cartolina illustrata con l'autoritratto di Goethe nel suo studio di Francoforte: pur ammettendo che fosse ben arredato, precisava che sulla scrivania «c'è troppa luce, in modo malsano».[21] Sintomatica afferma-

[19] Cfr. F. Kafka, *Confessioni e diari*, cit., pp. 87-96. A Brod dirà che, benché non sgradito, «le sono tuttavia indifferente come una pentola» (M. Brod-F. Kafka, *Un altro scrivere. Lettere 1904-1924*, traduzione e introduzione di M. Rispoli e L. Zenobi, Neri Pozza Editore, Vicenza 2007, p. 113).

[20] Cfr. F. Kafka, *Confessioni e diari*, cit., p. 300.

[21] M. Brod-F. Kafka, *Un altro scrivere*, cit., p. 95.

zione di un uomo per cui la notte «è ancora troppo poco notte», come scriverà alla fidanzata berlinese Felice Bauer:

> Scrivere significa aprirsi fino all'eccesso; l'estrema sincerità e dedizione in cui uno crede già di perdersi ai contatti umani e pertanto, fin che è in sé, cercherà sempre di evitare – poiché ognuno vuol vivere intanto che vive –, questa sincerità e dedizione non è neanche lontanamente sufficiente per scrivere. Ciò che da questa superficie si trasporta nello scrivere – se non si può altrimenti e le fonti più profonde tacciono – non è nulla e crolla nel momento in cui il sentimento più vero fa traballare questo suolo superiore. Perciò quando si scrive non si può mai essere abbastanza soli, quando si scrive non si può mai avere abbastanza silenzio intorno, la notte è ancora troppo poco notte.[22]

Quindi le delinea il suo «miglior tenore di vita»: appunto una cantina con una scrivania e una lampada, dove il cibo gli venga portato regolarmente e null'altro: «Chissà quali cose scriverei!», sospira, prima di chiudere con un appello che vorrebbe essere scherzoso ma suona alquanto sinistro: «*Che ne dici, cara? Non ritrarti dall'inquilino della cantina!*».[23]

[22] F. Kafka, *Lettere a Felice*, cit., pp. 233-234.
[23] Ivi, p. 234.

2. *Colui che lavora nella notte*

Per lungo tempo Franz Kafka praticò lo scrivere in quello spazio buio, segreto, al riparo dai doveri e dagli impegni quotidiani. Non fu certo il solo artista a farlo, ma pochi hanno vissuto la condizione con tanta radicalità.

In un aforisma Nietzsche si domanda quale filosofia avvolgerebbe gli uomini se rinunciassero al sole e «conducessero con luce lunare e lume a olio la lotta contro la notte».[24] Una risposta possibile si trova nel procedimento di scrittura kafkiano, e ancor più nel modo di scrivere che emerge dalle sue carte private. In un appunto del 1913, durante la lettura della *Storia del diavolo* di Roskoff, annotò che «presso gli odierni Caraibi "colui che lavora nella notte" è considerato il creatore del mondo».[25] E anch'egli lavorava a edificare il più straordinario fra i mondi finzionali.

Del resto vivere il buio come un eremita non sarebbe stato abbastanza, puntualizzò di nuovo a Felice (destinataria, presumibilmente imbarazzata, di tali tormenti): la sua reclusione apparteneva più al regno dei defunti: «Scrivere in questo senso è uguale a un sonno profondo, cioè alla morte; co-

[24] F. Nietzsche, *Umano, troppo umano. Volume secondo*, nota introduttiva di M. Montinari, versione di S. Giametta, Adelphi, Milano 1981, p. 139.

[25] F. Kafka, *Confessioni e diari*, cit., p. 392.

me non si estrarrà un morto dal sepolcro, così non si può togliere me, di notte, dalla scrivania».[26]

In precedenza la giovane aveva consigliato moderazione, «misura e scopo» – che altro fare? – e questa era stata la replica:

> La debolezza umana impone già abbastanza «misura e scopo». Nell'unico luogo dove posso stare non dovrei forse impegnarmi con tutto ciò che possiedo? Se non lo facessi sarei davvero un pazzo inguaribile! Può darsi che il mio scrivere non sia niente, ma allora è certissimo e fuori di dubbio che io non sono assolutamente nulla. Se dunque mi risparmio in questo punto, non mi risparmio affatto, a guardar bene, ma mi ammazzo.[27]

Anni dopo, quando a Kafka viene ufficialmente diagnosticata la tubercolosi, i *Diari* affrontano la notizia con un fremito: è l'affrancamento definitivo – e tanto più gradito perché giunto dall'esterno, al di là della sua responsabilità – dalle reti della famiglia, del danaro, delle norme ricevute. I malati non si sposano né possono avere figli; e alla lunga verranno anche congedati dal lavoro:

[26] F. Kafka, *Lettere a Felice*, cit., p. 417. Forse ripensava all'amato *Tonio Kröger*: «chi vive non lavora e [...] bisogna essere morti per essere davvero creatori» (T. Mann, *Tonio Kröger*, introduzione di G. Baioni, traduzione di A.R. Azzone Zweifel, Rizzoli, Milano 1977, p. 111).

[27] F. Kafka, *Lettere a Felice*, cit., pp. 37-38.

15 settembre. Tu hai la possibilità, se pure questa esiste, di incominciare. Non sprecarla. Non potrai evitare la sozzura che affiora da te, se intendi di entrare. Ma non avvoltolarti in essa. Se la ferita ai polmoni è soltanto un simbolo, come tu affermi, il simbolo della ferita, la cui infiammazione si chiama Felice e la profondità giustificazione, anche i consigli del medico (luce, aria, sole, tranquillità) sono simboli. Afferra questo simbolo.[28]

Tale visione simbolica gli fu rimproverata dagli amici, Brod per primo, ma Kafka vi aderì fino alla fine; forse a causa del suo perenne scetticismo verso la medicina e forse per ridurre la malattia a termini narrativamente più maneggevoli: per affrontarla attraverso le sue armi predilette. Ciò non implica che non fosse spaventato: conosceva di prima mano cosa significasse essere tubercolotici, data la sua frequentazione di sanatori, e all'epoca non esistevano cure. Ma il carattere destinale del morbo appariva palese: la parabola notturna si andava infine compiendo.

Notte, notte... Il buio appartiene essenzialmente alla pratica della scrittura kafkiana, e traspare anche nelle sue storie. Solo la notte è data come alternativa a Josef K. per l'udienza nel *Processo*; so-

[28] F. Kafka, *Confessioni e diari*, cit., pp. 583-584.

lo di notte a K. balena la chance di ricevere un aiuto dai burocrati del *Castello*; solo nelle ore della sera Sancio Panza fornisce a Don Chisciotte, il suo diavolo, romanzi di cavalleria e di brigantaggio;[29] di notte uno deve vegliare, dicono, deve essere presente;[30] e il cane delle *Indagini* imposta il suo digiuno così: «Volevo, se possibile, passare tutto il tempo ad occhi chiusi; finché non arrivava il cibo mi sarei trovato ininterrottamente nella notte, durasse anche giorni e settimane. Certo dovevo dormire poco, o meglio non dormire affatto».[31]

Con Kafka il dominio che si estende oltre il crepuscolo torna a essere, nel XX secolo, sinistro e popolato da spettri come nel Medioevo: e tuttavia tali commerci diabolici non producono testi di sapore occultistico, alla Meyrink; non c'è alcuna compromissione con il gotico o il truculento; la prosa è anzi pervasa di una singolare chiarezza – uno dei suoi tanti paradossi.

Tornerò fra poco sulla reale adesione di Kafka a questo ascetismo: è soltanto una parte della storia, e in ogni caso è bene non generalizzare. Tra l'uomo del 1913 che scrive a Felice e quello del 1917

[29] Cfr. F. Kafka, *Tutti i racconti. Volume secondo*, a cura di E. Pocar, Mondadori, Milano 1970, p. 151.

[30] Ivi, p. 160.

[31] Ivi, p. 207.

o del 1920 o del 1923 ci sono differenze legate alla sua evoluzione artistica, agli eventi storici e alla vita stessa, com'è ovvio che sia. Il rapporto con la pratica della scrittura cambia; grazie al congedo può dedicarsi alla pagina anche durante il giorno; c'è in generale, nei diari e nelle lettere, meno enfasi: l'assolutismo giovanile si stempera. Quel che non cambia è la sostanza notturna della sua prosa e l'ideale che la guida: il tentativo mai riuscito di fondere vita e parole.

«Può darsi che non sia fatto per il matrimonio», osservò sconsolata sua madre scrivendo alla quasi consuocera Anna Bauer, «perché non pensa che a scrivere, questa è la cosa per lui più importante nella vita!».[32] Persino lei se n'era accorta, e nei termini più esatti; l'isolamento che l'arte reclama fu per Franz un'esigenza cruciale, benché dolorosa:

> Ora ricevo il compenso della mia solitudine. È vero che non è proprio un compenso. La solitudine reca soltanto fastidi. Comunque sia, poco mi tocca la miseria di tutti e sono più risoluto che mai. Nel pomeriggio dovrò essere in fabbrica, non abiterò più a casa perché E. si trasferisce da noi con due figli. Ma scriverò, nonostante tutto, assolutamente: è la mia battaglia per l'esistenza.[33]

[32] F. Kafka, *Lettere a Felice*, cit., p. 643.

[33] F. Kafka, *Confessioni e diari*, cit., p. 483. Sono righe scritte pochi giorni dopo il «tribunale nell'albergo», la rottura del primo fidanzamento con Felice Bauer, avvenuta appunto all'hotel Askanischer Hof di Berlino.

In effetti Kafka sognò spesso anche l'ideale contrapposto, come suggerito dall'amato Kleist – «Coltivare un campo, piantare un albero e generare un figlio»[34] – e riconobbe sempre con malinconia la priorità morale di quanto flaubertianamente chiamava *le vrai*, una vita semplice fatta di cose semplici. Ma per lui nessun campo era disponibile: i suoi alberi sarebbero avvizziti, sarebbe rimasto per sempre figlio e mai padre. La parziale ritrosia a pubblicare va forse nella medesima direzione: il suo editore principale, Kurt Wolff, spiega che tale rifiuto non era relativo al timore della notorietà letteraria, «quanto del mondo esterno»:[35] più drastico ancora, e frutto di un'idealizzazione assoluta.

Quando confessa a Felice Bauer che non ha un interesse letterario bensì è «fatto di letteratura»,[36] Kafka sta portando all'estremo un modello di scrittore che proprio Flaubert aveva inaugurato. E co-

[34] Lo cita Brod in *Franz Kafka. Una biografia*, traduzione di E. Pocar, Mondadori, Milano 1956, p. 48. Il brano originale è: «Tra i magi persiani vigeva una legge religiosa: l'uomo non può far niente di più accetto alla divinità che coltivare un campo, piantare un albero e generare un figlio» (H.V. Kleist, *Lettere alla fidanzata*, a cura di E. Pocar, Guanda, Milano 1978, p. 146).

[35] K. Wolff, *Franz Kafka*, traduzione di F. Cavagnoli, Adelphi, Milano 2001, p. 8. E ricorda: «Congedandosi, in quel giorno di giugno del 1912, Kafka disse una frase che non ho mai udito, né prima né dopo, da nessun altro autore [...]: "Le mostrerò sempre maggior gratitudine per la restituzione dei miei manoscritti che non per la loro pubblicazione"» (p. 6).

[36] F. Kafka, *Lettere a Felice*, cit., p. 453. Poi racconta un aneddoto del già citato Roskoff, su un monaco il cui dolce canto proviene in realtà da un diavolo; segue un esorcismo grazie al quale il religioso cade a terra stecchito e puzzolente: «Così all'incirca, proprio così è il rapporto tra me e la letteratura».

me sottolinea Blanchot, per Flaubert conta «l'angoscia della forma, non il significato che saltuariamente egli le attribuisce. O meglio, quest'ansietà è infinita, commisurata con l'esperienza in cui Flaubert si sente impegnato».[37] Pertanto il suo lavoro

non è l'onesta e tranquilla fatica dell'artigiano che, disponendo di un mestiere, possedendo un sapere tecnico, perfeziona l'opera in ossequio a una tradizione e secondo un modello. Nell'epoca stessa in cui il lavoro diventa l'unico segno del valore, è anche privo di valore e letteralmente tragico; si tratta di qualcosa di smisurato, è una follia, l'incontro con qualcosa di spaventoso, lo scontro con l'inumano, la pratica dell'impossibilità, la messa in opera di un supplizio.[38]

Per Kafka un simile massimalismo è senz'altro parte integrante della scrittura, che i *Diari* spesso registrano quale una sorta di gesto inflitto a caro prezzo. Ma non è tutto.

3. *Una forma di preghiera*

«Lo scrivere come forma di preghiera», annotò Franz:[39] frase molto celebre, ma cosa significa dav-

[37] M. Blanchot, *La conversazione infinita*, traduzione di R. Ferrara, introduzione a cura di G. Bottiroli, Einaudi, Torino 2015, p. 403.
[38] Ivi, p. 404.
[39] F. Kafka, *Confessioni e diari*, cit., p. 935.

vero? Sullo sfondo della grave quanto persistente mistificazione di Brod – «la categoria della santità (non già quella della letteratura) è l'unica giusta per considerare la vita e l'opera di Kafka»[40] – è fin troppo facile fraintenderla e vedere nella sua scrittura un semplice rituale privato, un tentativo di catarsi.

Certo l'isolamento cui si era costretto aveva anche un valore liberatorio: quando si scrive, ad esempio, il padre è assente; e il mondo può essere ricondotto alle dimensioni di una frase, trasposto su un campo di lotta ideale. La patria che Kafka non sentiva di possedere né politicamente né religiosamente era incarnata dalla lingua, o meglio dalle righe su cui essa prendeva corpo.

In effetti la scrittura come atto era tanto fondamentale quanto il risultato. Su ciò occorre intendersi, perché in apparenza siamo a un passo dall'ipocrisia: proclamarsi scrittore in base a un moto non verificabile e indipendente dal prodotto. Per Kafka, però, si trattava innanzitutto di questo: percepire con certezza un potere che *di conseguenza* si sarebbe materializzato sulla pagina. Ciò non lo

[40] M. Brod, *Franz Kafka*, cit., p. 60. Benjamin protestò subito: «È davvero necessario osservare che la santità è un ordinamento riservato alla vita, al quale l'operare creativo non può essere in alcun modo ricondotto? E c'è bisogno di ricordare che il predicato della santità, al di fuori di una concezione religiosa fondata in maniera tradizionale, non è altro che una formula retorica da letterati?» (W. Benjamin-G. Scholem, *Archivio e camera oscura. Carteggio 1932-1940*, a cura di G. Scholem, edizione italiana a cura di S. Campanini, Adelphi, Milano 2020, p. 309).

rese meno esigente con se stesso, anzi: ritenendosi investito di una simile missione, alzò il proprio obiettivo e praticò una forma di insoddisfazione e autocritica che non ha paragoni.

Fra tutte le persone cui poteva confessare questo lato trascendente scelse il padre della fidanzata, Carl Bauer, parlando del «riverbero terreno di una necessità superiore. (Qui non c'entra quello che realmente so fare, non c'è alcun collegamento)».[41] Alquanto saggiamente, Felice non consegnò la lettera al genitore.

In ogni caso il punto era chiaro, giungere a un livello di verità assoluta: la soddisfazione temporanea è gradevole, ma la felicità si trova solo nel «sollevare il mondo nel puro, nel vero, nell'immutabile».[42] Ed è molto interessante notare che Kafka poteva distinguere chiaramente fra tale energia e la mera qualità stilistica: in un altro momento dei *Diari*, parlando di *Indagini di un cane*, afferma che «Nonostante la verità è cattivo, pedante, meccanico, un pesce boccheggiante su un banco di sabbia».[43]

Ciò che Kafka vagheggia non è una corrispondenza tra enunciati e realtà, né il rivelarsi di una morale: sembra invece una prerogativa della scrit-

[41] F. Kafka, *Lettere a Felice*, cit., p. 467.
[42] F. Kafka, *Confessioni e diari*, cit., p. 588.
[43] Ivi, p. 523. Altrove parla, in opposizione, di un «senso del falso» avvertito quando scrive (ivi, p. 304).

tura stessa, che ne certifica da un lato la necessità artistica e dall'altro consente appunto di elevare il mondo. Un suo celebre aforisma recita: «L'arte è un essere abbagliati dalla verità. Di vero non c'è altro che la luce proiettata sul viso, che arretra in una smorfia di sbigottimento».[44]

L'idea non è nuova: risale almeno alla tragedia greca ed è stata comunemente accettata per millenni, fino a stemperarsi e scomparire quasi del tutto con la modernità (Heidegger è un'eccezione di rilievo).[45] Ancora Hegel nell'*Estetica* sosteneva che «l'arte è chiamata a rivelare la *verità* sotto forma di configurazione artistica sensibile»[46] e al termine del libro ribadì che «nell'arte abbiamo a che fare non con un congegno semplicemente piacevole o utile, bensì con la liberazione dello spirito dal contenuto e dalle forme della finitezza, [...] con uno svolgimento della verità».[47]

E tuttavia è proprio qui che l'arte smarrisce parte del suo carattere rivelatore: nel sistema hege-

[44] F. Kafka, *Gli otto quaderni in ottavo*, in *Confessioni e diari*, cit., p. 726. E ancora: «L'arte vola intorno alla verità, ma con la decisa intenzione di non bruciarsi. La sua abilità consiste nel trovare un luogo, nella vuota oscurità, dove la luce, senza che prima se ne fosse mai accorto nessuno, si possa ricevere molto intensa» (ivi, p. 735).

[45] La bibliografia è vastissima. Per un'antologia commentata di classici cfr. P. Montani, *Arte e verità dall'antichità alla filosofia contemporanea. Un'introduzione all'estetica*, Laterza, Roma-Bari 2002.

[46] G.W.F. Hegel, *Estetica*, a cura di N. Merker, traduzione di N. Merker e N. Vaccaro, Einaudi, Torino 1967, p. 66.

[47] Ivi, p. 1381.

liano è uno stadio appartenente al passato del pensiero, nel processo di manifestazione dello Spirito assoluto – il cui veicolo proprio è la filosofia. Comincia la crisi dell'estetica quale esperienza di verità, che Kafka invece recupera e afferma con la massima energia.

La citatissima lettera a Oskar Pollak del 1904, in cui rivendica la necessità di libri «che agiscano su di noi come una disgrazia che ci fa molto male, come la morte di uno che ci era più caro di noi stessi, come se fossimo respinti nei boschi» eccetera,[48] esprime (un po' retoricamente) proprio l'istanza di una letteratura capace di mutare l'esistenza. Ciò che nel discorso quotidiano è al più un luogo comune – *Questo libro vi cambierà la vita* – per Kafka si rivela un articolo di fede.

Per definire lo stato di scrittura autentica, sola capace di trasmettere tale evidenza, usò il termine *Schriftstellersein*, «essere-scrittore». E poiché «*sein* significa, in tedesco, le due cose: essere e appartenergli»,[49] si tratta anche di un vincolo non rescindibile: una condanna, per quanto rechi gioie immense.

In una lettera cruciale a Brod del 5 luglio 1922, scritta in condizioni penose e con le tempie dolo-

[48] F. Kafka, *Lettere*, cit., p. 27. La frase si chiude con la famosa affermazione per cui «un libro dev'essere la scure per il mare gelato dentro di noi».
[49] F. Kafka, *Gli otto quaderni in ottavo*, cit., p. 722.

ranti per l'insonnia, terrorizzato come mai dalla vita, spiegò:

> Come stanno le cose però con lo stesso essere scrittore [*Schriftstellersein*]? Lo scrivere è un dolce, meraviglioso compenso, ma per cosa? Nel corso della notte mi divenne chiaro con l'evidenza di una lezione dimostrativa ai bambini: è il compenso per un servizio del diavolo. Questo scendere verso le potenze oscure, questo scatenamento di spiriti legati per natura, gli abbracci ambigui e tutto ciò che ancora può verificarsi laggiù, di cui qui sopra non si sa più nulla quando si scrivono storie alla luce del sole. Forse c'è anche un altro scrivere, io conosco solo questo, nella notte, ogni volta che la paura non mi fa dormire, conosco solo questo. E la dimensione demonica in ciò mi pare chiarissima. È la vanità e la brama di piaceri che ronza ininterrottamente intorno alla propria figura o anche intorno a una estranea e ne gode – il movimento poi si moltiplica, diventa un sistema solare della vanità.[50]

Unicamente la figura diabolica – ricordate? *Colui che lavora nella notte* – può concedere il «dolce, meraviglioso compenso»: ma un simile patto faustiano impone enormi sacrifici e una sorta di dannazione. Qui Kafka non esprime solo al meglio la sua poetica notturna, negando che si possa scrive-

[50] M. Brod-F. Kafka, *Un altro scrivere*, cit., p. 373.

re «alla luce del sole»; arriva anche ad attribuire una qualità tenebrosa alla fonte del suo potere. Purtroppo le opere composte in tali condizioni sono per Kafka stesso rarissime: l'ennesima variante di un suo tipico paradosso, la speranza in un evento quasi irrealizzabile.

Ma ora possiamo forse comprendere meglio cosa intende affiancando la scrittura a una forma di preghiera: entrambe si compiono in solitudine (benché sia certo possibile pregare collettivamente); entrambe sono rivolte a una potenza superiore cui affidarsi (per lui una potenza maligna); ed entrambe si fanno indipendentemente dal risultato (anche se si spera che entrambe vengano esaudite – nel caso della scrittura, producendo qualcosa di *vero*). Infine, nell'ottica di Kafka, entrambe dovrebbero darsi in uno stato di estatica convinzione e assoluto dominio di sé. Così d'altronde insegna il Talmud: «L'uomo non deve pregare né in stato di tristezza, né in stato di rilassamento, né in stato di allegria, né in mezzo a conversazioni (vane), né in stato di leggerezza, né dandosi a chiacchiere vuote, ma pervaso di gioia per il compimento del precetto».[51]

In un'altra sconsolata lettera a Brod del 1922, dopo aver elencato i propri fallimenti, parla di es-

[51] S. Cavalletti (a cura di), *Trattato delle benedizioni (Berakhot) del Talmùd babilonese*, traduzione di E. Zolli, UTET, Torino 1968, p. 252.

sere «impegnato solo con lo scrivere eccentrico teso a nient'altro che alla salvezza della propria anima o alla sventura»; e ammette significativamente di essere «estraneo alla fede».[52] Salvarsi l'anima o perire scrivendo: Kafka incute timore anche perché ben pochi si sono dedicati con simile abnegazione e violenza alla causa delle parole, rifiutando qualsiasi filisteismo, qualunque profanazione del tempio letterario; e nessuno l'ha investita di un simile potere redentore. Marthe Robert lo spiega benissimo:

mai dopo l'apparizione di Don Chisciotte nello spazio della nostra cultura, la sacralizzazione dello scritto ha avuto un campione altrettanto raziocinante e altrettanto insensato (nemmeno Flaubert ha spinto le cose fino a questo punto estremo), ma in nessun altro caso le è stato concesso di riflettersi in un'opera altrettanto pura e capace di esaltarla.[53]

Così il cerchio si chiude. Il laico Flaubert, che Kafka amava particolarmente, viene superato da una forza di ben altra caratura, paragonabile a un credo religioso per investimento di fede e ricadute personali: nella lettera a Brod di cui sopra,

[52] M. Brod-F. Kafka, *Un altro scrivere*, cit., p. 390.
[53] M. Robert, *Solo come Kafka*, traduzione di M. Beer, Editori Riuniti, Roma 1982, p. 138.

Kafka conclude che «l'esistenza dello scrittore è davvero dipendente dalla scrivania; se vuole sfuggire la follia non deve mai allontanarsi realmente dalla scrivania, deve aggrapparvisi con i denti».[54]

4. *Un po' l'uno e un po' l'altro*

Questo è dunque l'uomo alla scrivania: l'immagine sembra essere abbastanza complessa, inquietante e verosimile; invece veicola alcune esagerazioni, e Dio sa quante ne abbiamo sopportate. Rappresentare Kafka come un asceta solitario incline a fustigarsi per creare significa cedere alla retorica accumulata negli anni. Di ciò sono in parte responsabili gli stessi diari e le lettere, che come ogni scritto privato restano sia documento sia performance: i proclami notturni fanno anche parte di una mitologia personale, la quale com'è ovvio indulge in eccessi – ad esempio quando Kafka definisce lo scrittore «il capro espiatorio dell'umanità», che «permette agli uomini di godere senza colpa di un peccato, quasi senza colpa».[55]

Non dico che queste frasi vadano liquidate, tutt'altro; dobbiamo però evitare la trappola che ci

[54] M. Brod-F. Kafka, *Un altro scrivere*, cit., p. 375.
[55] Ibidem.

tendono. Se andiamo a caccia del *vero Kafka* rischiamo persino di imbatterci in un paragrafo della *Lettera al padre* dove Franz dice di essere «un Löwy con un certo fondo kafkiano» – cioè un erede del ramo materno, mentre è Hermann a essere «un vero Kafka per robustezza, salute, appetito, sonorità di voce, facondia, soddisfazione di Te, superiorità verso il mondo» eccetera.[56] Quale ironia! Un buon modo per non finirne vittima è allora chiarire un fatto elementare: Kafka viveva anche una vita diurna, e in essa era stimato e amato.[57]

[56] F. Kafka, *Lettera al padre*, in *Confessioni e diari*, cit., p. 641.

[57] Quasi tutte le informazioni seguenti vengono dalla fenomenale biografia in tre volumi di Reiner Stach, che ho letto in inglese: *Kafka: The Decisive Years*, translated by S. Frisch, Princeton University Press, Princeton 2005; *Kafka: The Years of Insight*, translated by S. Frisch, Princeton University Press, Princeton 2013; e *Kafka: The Early Years*, translated by S. Frisch, Princeton University Press, Princeton 2017. (Mentre chiudo le bozze, è in corso di traduzione per il Saggiatore a cura di M. Nervi). In italiano si possono consultare anche G.G. Lemaire, *Kafka. Una biografia*, traduzione di V. Ballardini, Lindau, Torino 2015; C. David, *Franz Kafka*, traduzione di R. Morteo, Einaudi, Torino 1992; i due testi di K. Wagenbach, *Kafka. Una battaglia per l'esistenza*, traduzione di E. Pocar, il Saggiatore, Milano 2023 e *Franz Kafka. Immagini della sua vita*, traduzione di R. Colorni, Adelphi, Milano 1983; infine, sempre di Stach, il già citato *Questo è Kafka? 99 reperti*. Evito di attingere alle *Conversazioni con Kafka* di Janouch, avvenute quando l'autore era giovanissimo ma trascritte anni dopo in tono un po' epigrammatico: vedi V. Tuckerova, *Reading Kafka in Prague: The Reception of Franz Kafka between the East and the West during the Cold War*, https://doi.org/10.7916/D84JoC5K, e L. Crescenzi, *Le* Conversazioni con Kafka *di Gustav Janouch. Vero e falso nella testimonianza dialogica*, in *Le vie del falso. Storia, letteratura, arte*, a cura di A. Comboni e S. La Barbera, il Mulino, Bologna 2023, pp. 317-330. Per un'introduzione generale alla narrativa kafkiana rimando all'esemplare curatela di M. Nervi in F. Kafka, *Tutti i romanzi. Tutti i racconti e i testi pubblicati in vita*, cit.; molto utili anche le scrupolose note di A. Lavagetto in F. Kafka, *La metamorfosi e tutti i racconti pubblicati in vita*, prefazione di K. Wagenbach, Feltrinelli, Milano 2019.

Era un uomo alto, affascinante e snello, dai bellissimi occhi cangianti: per quattro conoscenti erano scuri, per altri quattro erano grigi, per tre erano azzurri e per altri tre castani; mentre il passaporto risolve la questione nel modo più graziosamente kafkiano possibile, indicando il loro colore come «grigio-azzurro scuro».

Max Brod lo definisce «uno degli uomini più divertenti che io abbia conosciuto, nonostante la sua modestia e la sua calma»[58] e ricorda che chi lo incontrava «non lo vedeva certo oppresso da tiranniche o tetre impressioni giovanili, non trovava traccia di decadentismo o snobismo che avrebbero potuto essere facilmente un modo di evadere da tali depressioni, né vi trovava un'anima dilaniata o contrita».[59]

La sua ultima compagna Dora Diamant racconta quanto si divertisse a fare le ombre con le mani sulle pareti, giocare, scherzare e andare in kayak. Rideva spesso e possedeva «il sorriso di una persona dolce, anche se il suo sguardo oscuro lasciava intendere chiaramente: sono un uomo molto serio, ma fare un po' i bricconi è una delle cose belle della vita».[60]

[58] M. Brod, *Franz Kafka*, cit., p. 50. Uno degli aneddoti più spassosi al riguardo è l'incredibile attacco di ridarella davanti al presidente dell'Istituto presso cui lavorava: vedi F. Kafka, *Lettere a Felice*, cit., pp. 218-222.

[59] M. Brod, *Franz Kafka*, cit., p. 49.

[60] Così Michal Mareš in H.-G. Koch (a cura di), *«Quando Kafka mi venne incontro...». Ricordi di Franz Kafka*, traduzione di F. Selzer, nottetempo, Roma 2007, p. 127.

Per il compleanno di una governante le regalò un ombrello: sulla punta di ogni stanga erano appese delle caramelle. Un giorno raggiunse Brod nel pomeriggio a casa dei suoi genitori: il padre di Max dormiva sul divano ed entrando Franz lo svegliò senza volerlo; in luogo delle scuse, o come una delicata forma delle medesime, attraversò la stanza in punta di piedi e alzò le braccia dicendo: «Mi consideri un sogno».

Nel *Bestiario della letteratura* Franz Blei onora tale commistione di dolcezza, luminosità e ritrosia descrivendo l'animale-Kafka come un «topo dal colore blu lunare, splendido ma difficile da vedere, che non mangia carne, nutrendosi solo di erbe amare. Il suo sguardo affascina, perché ha occhi umani».[61]

Era taciturno ma disponibile, gentile e profondamente empatico – l'esatto opposto del modello maschile dell'epoca e non solo. Amò e fu ricambiato; contrasse tre fidanzamenti (due con Felice Bauer) ed ebbe diversi flirt.

Quanto all'ufficio – prima alle Generali e poi all'Istituto contro gli infortuni sul lavoro – lo visse certo come una lacerazione perché gli sottraeva tempo alla letteratura: questo aspetto è noto e nel-

[61] F. Blei, *Il bestiario della letteratura*, introduzione di C. Magris e di L. Rega, il Saggiatore, Milano 1980, p. 73.

le lettere a Felice ritorna ossessivamente.[62] Ciò nonostante era un impiegato dotato di grandi capacità e altissimo senso del dovere; anche la sua precisione nella scrittura tecnica era riconosciuta.[63] Si occupava di risolvere problemi nel modo più trasparente possibile e doveva essere un avversario temibile in sede legale, vista la sua esperienza: sia di giorno sia di notte non avrebbe mai scelto un'opzione insoddisfacente. (E dopotutto all'ufficio doveva parte dell'ispirazione: senza di esso non avrebbe conosciuto i grovigli amministrativi o la condizione di subalternità reale degli operai, cui si dedicò con passione difendendone i diritti).

Desiderava vivere una vita frugale che lasciasse poche tracce sulla terra. Era vegetariano – un'assurdità per il padre – e praticava forme di ginnastica solitaria per tenersi in forma; passò migliaia di ore nelle spiagge pubbliche e amò sempre nuotare. Inoltre, nonostante la sua timidezza, non viveva certo in una torre d'avorio: adorava leggere a voce alta per piccoli gruppi, era uno scrittore relativamente noto nella cerchia praghese, e almeno

[62] Cfr. ad esempio F. Kafka, *Lettere a Felice*, cit., pp. 26-27, 98, 188, 412, 649. Forse anche per sfuggirvi, nel 1911 ideò con Brod una serie di guide turistiche dal titolo *A buon mercato* (anticipando le vacanze low-cost). Il progetto fu abbandonato con grande disappunto di Kafka: secondo lui avrebbe potuto renderli ricchi.

[63] Possiamo verificarlo noi stessi leggendo i suoi scritti d'ufficio: F. Kafka, *Relazioni*, a cura di M. Müller, traduzione di A. Lavagetto, Einaudi, Torino 1988.

negli anni giovanili frequentava salotti letterari, caffè e osterie; inoltre non disdegnava i bordelli. La postuma santificazione di Brod – che esigeva una completa espulsione del corpo di Kafka e delle sue pulsioni – ebbe in tal senso conseguenze devastanti; ma basta leggere una lettera del 1920, inviata proprio all'amico, per chiudere la questione:

> Per te, se ho capito bene, è inquietante tutto quello che vi è di carnale in una donna. Per me è invece la mia più vera dimora, il luogo in cui vengo destato a una più autentica esistenza. Trovo una dimostrazione di questo, un segno che non può ingannare, nel fatto che anche nel ricordo le unioni carnali mi appaiono come i momenti più felici della mia vita.[64]

Doveva essere bello passeggiare con loro due, Franz Werfel, Oskar Baum e Felix Weltsch per le strade notturne di Praga, o durante una gita in campagna. Camminavano senza tregua, facevano il bagno nei ruscelli, oziavano al sole o in barca sulla Moldava. Baum in particolare ricorda il loro primo incontro: mentre Brod li presentava, Kafka si inchinò e i suoi capelli toccarono la fronte del nuovo amico; quest'ultimo ne rimase turbato e commosso. Baum infatti era cieco: Kafka, primo fra tutti, si era comportato come se ciò non lo riguardasse affatto.

[64] M. Brod-F. Kafka, *Un altro scrivere*, cit., pp. 288-289.

Che importava se il suo inchino non poteva essere visto? Tale costante attenzione per l'altro, gratuita e discreta insieme, era un suo tratto tipico.

Ancora: la Praga in cui viveva era una città ricca di conflitti – innanzitutto tra cechi e tedeschi, ma anche a causa di un diffuso antisemitismo – e l'ebreo Kafka ne era senz'altro al corrente, sia per esperienze di prima mano sia per l'assiduità con cui leggeva i quotidiani. Benché senza impegnarsi in forma diretta aveva opinioni politiche abbastanza radicali: la sua adesione di fondo ai principi del socialismo libertario è documentata.[65]

Tuttavia, per quanto seducente, anche questa visione raddolcita dell'uomo è parziale. Kafka visse una vita interiore estremamente inquieta, sempre cercando di liberare il «mondo immenso» che aveva in testa per liberarsi a sua volta, e ciò ricadeva sulle sue relazioni personali.

Emil Utitz racconta che pur volendogli molto bene i suoi compagni non furono mai «veramente in confidenza con lui: egli era circondato da una sotti-

[65] Su questi temi si soffermano M. Löwy, *Kafka sognatore ribelle*, traduzione di G. Lagomarsino, prefazione di G. Fontana, elèuthera, Milano 2022 e P. Casanova, *Kafka en colère*, Seuil, Paris 2011; cfr. anche B. Dodd, *The case for a political reading*, in J. Preece (edited by), *The Cambridge Companion to Kafka*, cit., pp. 131-149. Brod ricorda l'amico sconvolto per le mutilazioni subite dagli operai nei luoghi di lavoro: «"Come sono umili costoro" mi disse una volta con stupore. "Vengono da noi a supplicare. Invece di prendere d'assalto l'Istituto e di fracassare ogni cosa, vengono a pregare"» (*Franz Kafka*, cit., p. 96).

le parete di vetro. Con il suo silenzioso, benevolo, partecipe sorriso egli si apriva e al tempo stesso si chiudeva al mondo».[66] In particolare, dalla seconda metà del 1914 e in seguito alla rottura del primo fidanzamento con Felice Bauer, il suo auto-isolamento prese a crescere. Smise di scrivere per un anno e mezzo e cercò persino di arruolarsi nell'esercito per dare il suo contributo alla guerra in corso – un fatto che continua a destare sorpresa. La diagnosi di tubercolosi nel 1917 non fece che peggiorare le cose.

Sul suo rapporto a dir poco infelice con il padre Hermann, un uomo volgare e severo, si sono scritte pagine e pagine. Con le sorelle ebbe un rapporto asimmetrico, e anche in seguito ne parlò spesso al plurale, riducendole a un'entità femminile non meglio identificata: soltanto Ottla gli era particolarmente cara.

In effetti, e nonostante la sua delicatezza, Kafka fu talora duro con le donne. È impossibile non provare simpatia per Felice Bauer, senza per questo vittimizzarla: Kafka la mortificò con la sua indecisione e impiegò spesso toni passivo-aggressivi, mentre sui *Diari* annotava che non doveva risparmiarsi «per giunta a spese della vita umana di F. che pur ami».[67]

[66] H.-G. Koch (a cura di), «*Quando Kafka mi venne incontro...*», cit., p. 73.

[67] F. Kafka, *Confessioni e diari*, cit., p. 565. Più avanti aggiunge, rivolgendosi a se stesso: «Flaubert e Kierkegaard conoscevano benissimo la loro situazione e avevano una volontà diritta. Non era calcolo ma azione. In te invece c'è un'eterna sequela di calcoli, una mostruosa mareggiata di quattro anni» (ivi, p. 566).

Quando entrò in scena Grete Bloch, l'amica di Felice che doveva fungere da mediatrice, Franz riversò le sue attenzioni su di lei contribuendo alla rottura del primo fidanzamento; il secondo invece fu chiuso con una lettera piuttosto sgradevole, cui seguì un confronto ancora più sgradevole in un caffè di Praga.[68]

E che dire della giovanissima Julie Wohryzek, cui chiese di sposarlo e poi abbandonò in fretta per la bella, intelligente e già sposata Milena Jesenská?[69] Ma anche la stessa Milena subì la riluttanza di Franz. In ogni modo egli la attirò a sé, scrivendole fra l'altro alcune magnifiche lettere d'amore: senz'altro provava un sentimento fortissimo nei suoi confronti, ma non riuscì a concretizzarlo.

Insomma: per quanto Kafka desiderasse bruciare la vita nella scrittura, apparteneva a entrambi i mondi: e lui stesso, come la sua opera, sfugge a una mano che voglia stringerlo troppo svilendone la complessità – riducendola al volto smunto e serio che ci scruta dalla sua immagine più nota.

[68] Stach puntualizza che il comportamento di Kafka fu «downright cruel» (*Kafka: The Years of Insight*, cit., p. 219). Ma quello stesso pomeriggio, evento rarissimo, l'ex fidanzato di Felice Bauer scoppiò in lacrime davanti a Brod.

[69] Di passaggio: Jesenská è universalmente nota solo come «l'amica di Kafka», ma fu una traduttrice e scrittrice di grande talento: basti leggere gli articoli raccolti in *Qui non può trovarmi nessuno*, a cura di D. Rein, traduzione di D. Frediani, Giometti & Antonello, Macerata 2018.

Ma una volta, in visita a Praga, Felice Bauer lo fotografò con la sua macchina a soffietto: ed essendo alle prime armi ne uscì soltanto una piccola nube bianca. Questa immagine che non lo rappresenta affatto è invece una delle più emblematiche, un avvertimento ironico che dovremmo ricordare. Mi piace rammentarla accanto a un aneddoto che illumina la coincidenza fra la personalità di Kafka e il modo in cui affrontava il problema narrativo – l'imprendibilità, per così dire, cui siamo destinati noi lettori. Lo racconta Johannes Urzidil; l'interlocutore è «il noto nichilista Fürth»:

«Poco fa ho incontrato Kafka nella Zeltnergasse».

«Di che avete parlato?».

«Assolutamente di nulla. Gli ho dimostrato che l'umanità va verso la rovina».

«E lui cosa ha detto?».

«Che doveva dire? Si è messo a ridere e ha scosso la testa».

«Ma approvava o dissentiva?».

«Un po' l'uno e un po' l'altro».[70]

[70] J. Urzidil, *Di qui passa Kafka*, traduzione di M. Carbonaro, Adelphi, Milano 2002, pp. 146-147.

Tra narrativa e mito

1. *Un'opera che non c'è*

Se lo stato di scrittura autentica giungeva così di rado, l'insoddisfazione di Kafka verso il suo lavoro appare psicologicamente più motivata. Resta esagerata, inutile aggiungerlo, ma prendiamola come spunto per non indulgere in una mitologia contraria – il genio infallibile. A uno sguardo laico non tutto ciò che Kafka ha prodotto è di qualità eccelsa: alcuni brani di *Meditazione* sono begli esercizi di stile e poco più; un paio di racconti da *Un medico di campagna* (*Una visita in miniera* e *Un fratricidio*) non offrono grande soddisfazione; *Una piccola donna* continua a sembrarmi prosa minore.

Inoltre Kafka non ha mai completato i suoi romanzi: per tre volte si gettò nell'impresa e per tre volte ne venne respinto, il che deve pur significare qualcosa. Si può discutere se ciò sia avvenuto a causa di mancanze individuali o di ragioni intrinseche all'opera; in questo secondo caso, però, è altrettanto facile giustificare il fallimento con teorie molto vaghe: Kafka non fu in grado di finirli perché la crisi del linguaggio a lui contemporanea glielo impediva (quasi fosse un'epidemia), o perché la sola strada possibile era quella del frammento, e così via.

Credo che Kafka stesso, con la sua ferma onestà intellettuale, avrebbe rifiutato tali ipotesi: l'idea di un'impotenza generale della parola gli è aliena, ed era il primo a voler terminare i propri lavori; nonostante l'importanza data all'atto di scrivere, il gesto non si esauriva in se stesso e mirava a opere dotate di unità formale.[71] D'altro canto i suoi quaderni sono colmi di incipit: racconti e frammenti abortiti, talora riscritti più volte e spesso di bellezza sfolgorante, ma che si esauriscono in fretta o si interrompono a frase aperta.[72]

L'incapacità di concludere è una caratteristica di cui Kafka era pienamente cosciente: il 30 novem-

[71] «È necessario terminarlo», scrive a Bauer parlando del *Disperso* (F. Kafka, *Lettere a Felice*, cit., p. 49); «Se un giorno potessi scrivere un'opera di una certa mole, ben formata dal principio alla fine, nemmeno il racconto potrebbe mai staccarsi da me definitivamente [...] mentre così ogni suo frammento è senza patria, e mi spinge in direzione opposta», si lamenta altrove (F. Kafka, *Confessioni e diari*, cit., pp. 240-241). Cfr. anche R. Stach, *Kafka: The Decisive Years*, cit., p. 242 e M. Engel, *Writing*, in C. Duttlinger (edited by), *Franz Kafka in Context*, cit., p. 54.

[72] Ne è ricco in particolare il manoscritto 9 dell'edizione Pasley, un plico di cinquantun fogli databili fra l'agosto e il novembre del 1920: cfr. F. Kafka, *Il silenzio delle sirene. Scritti e frammenti postumi (1917-1924)*, introduzione di G. Herling, traduzione e cura di A. Lavagetto, Feltrinelli, Milano 1994, pp. 110-190.

bre 1914 annota: «Sono al limite definitivo dove dovrò forse ancora sostare degli anni per poi incominciare forse un nuovo racconto che finirà col rimanere incompiuto. Questo è il destino che mi perseguita»;[73] e il 4 gennaio 1915 non cede alla voglia di iniziare un nuovo racconto, sapendo cosa lo attende: «Se non posso dar la caccia ai racconti durante la notte, scappano e si squagliano».[74]

Una sentenza del rabbino Tarfon recita: «Non ti è concesso portare l'opera a compimento: tuttavia non ti è lecito sottrarti». La cita Max Brod nella sua biografia, e sembra fatalmente adatta a Kafka.[75]

La consapevolezza di una simile inorganicità è importante anche perché impedisce di prendere l'opera kafkiana come un unico blocco, sia da un punto di vista qualitativo sia da un punto di vista filologico: di fatto il concetto stesso, inteso come il corpus di uno scrittore con pieno controllo sulla propria vicenda editoriale, è inapplicabile.

Quando si parla di «opera» in Kafka si parla di alcuni testi letterari che l'autore pubblicò in vita, e di moltissimi altri – spesso evocati come i più importanti – che vennero editi da Brod, curatore del

[73] F. Kafka, *Confessioni e diari*, cit., p. 507.
[74] Ivi, p. 516.
[75] M. Brod, *Franz Kafka*, cit., p. 112.

lascito; per non parlare degli scritti privati ritenuti parte integrante del *continuum* kafkiano, quasi che Franz non avesse mai diritto alla chiosa sovrappensiero: in quest'ottica maniacale ogni singola riga illuminerebbe il resto, un'annotazione a margine varrebbe quanto un racconto a lungo meditato.[76]

Ma ora che abbiamo edizioni critiche, la conclusione cui giunge Clayton Koelb può sembrare amara eppure è l'unica sensata: confusione e disorganizzazione sono elementi che appartengono per natura ai manoscritti.[77]

Anche per questo motivo è istruttivo guardarli. Ad esempio gli *Oktavhefte*: il primo volume mostra subito il *ductus* della penna kafkiana, le secche correzioni, la distanza quasi uguale tra i righi e le calcate diagonali che segnano la soppressione di intere pagine. O lo *Schloss-Heft*: dopo la prima versione dell'incipit («Il locandiere salutò il cliente. Al primo piano era pronta una camera»), a tre quarti del foglio una piccola riga orizzontale segnala un nuovo inizio (a matita Brod ha aggiunto: *Hier beginnt der Roman "Das Schloss"*). E qui c'è l'incipit che ben

[76] Fra l'altro, gli stessi «diari» sono un'invenzione di Brod: Kafka aveva quaderni dove scriveva di tutto, anche riflessioni personali; dopo la sua morte Max scelse i passi più simili a pagine di diario accorpandoli sotto quel titolo. Cfr. ad esempio le voci sui *Tagebücher* in R. Gray, R.V. Gross, R.J. Goebel, C. Koelb, *A Franz Kafka Encyclopedia*, Greenwood Press, Westport 2005, pp. 264-265. Sulla questione dei cosiddetti «testamenti» di Kafka tornerò più avanti.

[77] C. Koelb, *Editions*, in C. Duttlinger (edited by), *Franz Kafka in Context*, cit., p. 297.

conosciamo, solenne e carico di mistero: «Era tarda sera quando K. arrivò». I fogli sono più ampi, la scrittura è più fitta; ed è impressionante la scarsità delle correzioni, soprattutto da un certo punto in avanti: preso il ritmo, Kafka va. Possiamo anche assistere al malinconico non-finale, quella pagina bianca simile a una distesa di neve che chiude per sempre l'operazione-*Castello*.[78]

Una volta sgomberato il campo dall'equivoco filologico, ne resta però un altro molto più grave e persistente: il nome *Kafka* continua a evocare quel che non è o è soltanto in parte, restando inchiodato al termine che ne deriva, un cancro che lo corrode.

2. *L'aggettivo fatale*

Kafkiano: da vocabolario «richiama l'atmosfera tipica dei racconti di Kafka, e quindi inquieto, angoscioso, desolante, o paradossale, allucinante, as-

[78] Cfr. F. Kafka, *Franz Kafka-Ausgabe. Historisch-Kritische Edition sämtlicher Handschriften. Drucke und Typoskripte*, herausgegeben von R. Reuss und P. Staengle, Wallstein Verlag, Göttingen 2020. Questa edizione «rifiuta di costituire un testo [...] per limitarsi a descrivere un'esitazione, a riprodurre la complessità dello sviluppo di un testo che non vuole in nessun caso farsi addomesticare dalla condizione di *textus receptus*, rimanendo invece aperto nelle sue possibilità, e anche incongruente o contraddittorio» (M. Nervi in F. Kafka, *Tutti i romanzi. Tutti i racconti e i testi pubblicati in vita*, cit., p. XVII). Per la grafia di Kafka cfr. anche C. Jany, «Schriftkerben // Kerfs of Writing. A Phenomenology of Kafka's Stylus», *Monatshefte*, Fall 2011, vol. 103, no. 3, *Kafkas Spätstil / Kafka's Late Style*, pp. 396-415.

surdo: *situazioni kafkiane*».[79] Certo molte delle storie di Kafka sono proprio così, ma l'abuso di questa parola è indicativo della sua progressiva perdita di senso. Per dirla con il bell'umorismo di Pontiggia, essa «rivela assenza di ogni famigliarità con Kafka, come di ogni famigliarità con Platone l'aggettivo platonico, riservato all'amore in bianco e al risultato di zero a zero nel calcio».[80]

Kafka non era un kafkiano: non assoggettava la dimensione artistica a idee preconcette e dettati biografici; né le situazioni da lui evocate sono legate soltanto alla condanna o alla burocrazia. Il modo «kafkiano» di leggere Kafka – ciò che Mittner chiamò *kafkismi* e Milan Kundera *kafkologia* – si concentra sul valore profetico; dimentica le questioni stilistiche; preferisce vaste interpretazioni allegoriche alla minuta analisi testuale; e non si preoccupa dei gusti letterari dell'autore stesso (che includevano ad esempio, oltre ai nomi già citati, Hamsun, Kierkegaard, Dostoevskij, Schäfer, Pascal, Lutero, Nicolai, Herzen, Eckhart, Hebbel, Stendhal, Fontane, Thomas Mann, Lily Braun, Stifter e molta narrativa di avventura, fra cui i *Grüne Bändchen* di Schaffstein).

[79] https://www.treccani.it/vocabolario/kafkiano.

[80] G. Pontiggia, *Le sabbie immobili*, il Mulino, Bologna 1991, p. 56. Sul *brand* Kafka e l'aggettivo incriminato vedi M. Salgaro, «Kafka è kafkiano?», *Cultura tedesca*, no. 35, luglio-dicembre 2008, pp. 211-226.

Contro tutto ciò Kundera puntualizza: «C'è solo un modo per capire i romanzi di Kafka; leggerli come si legge un qualsiasi romanzo».[81] Sembra un'ovvietà ma non lo è; rivendica sia la dimensione estetica sia il piacere di leggere Kafka, che nessuna esegesi dovrebbe dimenticare. Insomma occorre prenderlo in primo luogo da scrittore, e in quanto tale non degradarlo a «ufficio informazioni sulla situazione dell'uomo»:[82] la risata ambigua con cui mise a tacere il «noto nichilista Fürth» risuona anche alle nostre orecchie come un monito.

Che tipo di scrittore è, dunque? Innanzitutto, leggerlo dà sempre un'impressione di straniamento, di lieve nausea, come se l'intera nave della letteratura – che appare così solida quando si affrontano Zola o Tolstoj – cominciasse a beccheggiare. Le frasi sono limpide, gli eventi descritti con apparente chiarezza, ma di colpo abbiamo l'impressione che quanto si legge non corrisponda davvero a ciò che accade fra le righe. Nemmeno ce ne siamo accorti, e dopo qualche pagina eccoci alla deriva: abbiamo abbandonato le coste della narrativa moderna per avventurarci in un oceano senza nome.

[81] M. Kundera, *I testamenti traditi*, traduzione di E. Marchi, Adelphi, Milano 1994, p. 208.
[82] T.W. Adorno, *Appunti su Kafka*, cit., p. 235.

Forse il modo migliore per illuminare tale sensazione è il *Discorso sulla lingua jiddish*. Kafka lo tenne il 18 febbraio 1912 introducendo un recital di Yitzhak Löwy, l'attore ebreo orientale grazie a cui Franz si era aperto con entusiasmo al teatro popolare jiddish (e per un certo periodo credette di trovare in esso la fonte di un'ebraicità libera e consapevole).[83]

Dopo aver presentato alcune poesie che Löwy leggerà, Kafka si premura di dire che le sue spiegazioni non servono a nulla, anzi spingono lo spettatore a cercare ciò che già sa invece di vedere quel che c'è realmente.

Ma se ve ne state tranquilli, vi troverete di colpo nel bel mezzo dello jiddish. Ma una volta che esso vi abbia afferrati – e tutto è jiddish: la parola, la melodia chassi-

[83] Il teatro offriva a Kafka «un modo assolutamente naturale e spontaneo di essere ebrei [...] in cui è ignota l'alienazione dell'ebreo praghese, la scissione fra vita e pensiero, gesto e parola» (G. Massino, *Fuoco inestinguibile. Franz Kafka, Jizchak Löwy e il teatro yiddish polacco*, Bulzoni, Roma 2002, p. 17). Il padre non vedeva di buon occhio l'amicizia con Löwy: gli ricordava probabilmente l'infanzia povera da cui era emerso a fatica. In generale la diffidenza verso gli «ebrei orientali» era diffusa presso i ceti urbanizzati, e Kafka stesso ne fu cosciente; ma non poté vederne le conseguenze più atroci durante il nazismo: «Gli ebrei occidentali, generalmente colti e raffinati, si trovarono di fronte a uno spaventoso conflitto morale ed emotivo, non soltanto per il fatto di essere identificati dai tedeschi con gli ebrei della Polonia orientale e della Russia, ma ancor più nel sentire in se stessi l'obbligo morale – e una pressione morale ed emotiva – di accettare questa identificazione. Ma per molti di loro ciò non era possibile [...]. Cosicché, tragicamente, per loro era quasi più facile identificarsi con i tedeschi» (G. Sereny, *In quelle tenebre*, traduzione di A. Bianchi, Adelphi, Milano 1994, p. 267).

dica e l'indole stessa di questo attore ebreo orientale – allora non conoscerete mai più la vostra pace di un tempo. Allora sentirete la vera unità dello jiddish, e così forte, che avrete paura, ma non più dello jiddish: di voi stessi. Non sareste capaci di sopportare da soli questa paura, se dallo jiddish non vi venisse anche una fiducia in voi stessi che fronteggia validamente tale paura e che è più forte di essa. Godetene meglio che potete! Ma se poi la perderete, domani o dopo – e come potrebbe reggersi al ricordo di un solo *recital*! – allora vi auguro di aver perso intanto anche la paura. Perché non vogliamo certo punirvi.[84]

Parole che si possono applicare a Kafka stesso: i pregiudizi impediscono di leggerlo davvero ma se restiamo tranquilli e prestiamo attenzione, eccoci di colpo nel mezzo dell'opera; e come per lo jiddish, una volta che egli ci afferra è finita: non conosceremo più pace, avremo paura di noi stessi. Del resto, la sua opera contiene anche il coraggio che ci serve per superarla. *Perché non vogliamo certo punirvi!*

3. *Naturalismo fantastico*

Kafka genera il suo caratteristico senso di vertigine attraverso un metodo ricorrente: in una si-

[84] F. Kafka, *Confessioni e diari*, cit., p. 1005.

tuazione realistica vengono introdotti elementi che la corrompono: accade un evento incomprensibile, per così dire «ottuso», irriducibile alla logica del quotidiano ma con effetti concreti sulla vita dei personaggi.

Kafka getta subito il lettore in questa nuova dimensione oppure la introduce con lentezza, conducendoci con mano sicura fino alla sorpresa, e il tipo di dato spaesante varia lungo una scala d'intensità piuttosto ampia: può essere un imprevisto, un macchinario particolarmente strano, o l'irruzione di materiale fantastico. Naturale e straordinario si compenetrano scambiandosi di ruolo, in una serie di continui aggiustamenti provvisori.

Trovi un estraneo con due cavalli in un porcile in disuso (*Un medico di campagna*); sei ritenuto colpevole senza che sia chiaro di cosa (*Il processo*); vieni condannato a morte da tuo padre e obbedisci buttandoti da un ponte (*La condanna*); il cavallo di Alessandro Magno si dà allo studio dei codici (*Il nuovo avvocato*); ti trasformi in un insetto (*La metamorfosi*); due palle di celluloide saltellanti, forse vive, ti attendono in casa (*Blumfeld, uno scapolo anzianotto*); gli animali pensano e parlano (*Indagini di un cane*, *Una relazione per un'accademia*, *La tana*, *Sciacalli e arabi*, *Josefine la cantante*); la tua barca funebre sbaglia strada e resti sospeso tra vita e morte (*Il cacciatore Gracchus*); compaiono esseri a metà strada fra il giocattolo e il folletto (*La preoccupazione del padre di famiglia*).

Eccetera, eccetera. Sembra di entrare in una *Wunderkammer*, ed è innegabile che in tale caleidoscopio di forme vi sia un'attrazione per il grottesco: il lettore non dovrebbe vergognarsi di goderne. Tuttavia, se di simili creature sono piene le fiabe della tradizione e i racconti popolari, è nuovo l'uso che ne viene fatto. Come vedremo dettagliatamente nel caso della *Metamorfosi*, una delle mosse più geniali di Kafka è proprio la fusione di naturalismo flaubertiano e racconto fantastico.

Intanto è istruttivo seguirne la realizzazione dal punto di vista tecnico. Lubomír Doležel ha supposto che il mondo kafkiano sia una variante del mondo mitico, dove le barriere tra naturale e soprannaturale sono abolite o – nel caso non vi compaiano fatti irrealistici – esiste un cosmo invisibile che governa quello visibile.[85]

Insomma, i fenomeni bizzarri non possono essere spiegati con una cornice trascendente, perché non c'è; e nemmeno possono essere compresi razionalmente. Accadono e basta. La tipica mancanza di stupore dei protagonisti di fronte a essi – o il rapido

[85] L. Doležel, «Kafka's Fictional World», *Canadian Review of Comparative Literature*, vol. 11, no. 1, March 1984, pp. 61-83. Vedi M. Nervi, Il processo *di Kafka. Un'altra idea di letteratura*, Carocci editore, Roma 2019, per la presenza delle due «logiche» contrapposte e irriducibili nell'opera di Kafka.

assorbimento di una meraviglia iniziale – è frutto di questa ibridazione. Gregor Samsa si preoccupa molto più del suo ritardo che della metamorfosi in insetto; e Blumfeld, lo «scapolo anzianotto» dell'omonimo racconto, reagisce al comparire delle palle di celluloide saltellanti come se fossero una seccatura, senza chiedersi come tutto ciò sia possibile (teme però che la donna delle pulizie le noti).

Del resto anche il nostro sbigottimento viene abilmente ridimensionato grazie allo stile obiettivo e nitido di Kafka, al suo tono privo di enfasi. Lo stesso vale per i racconti in apparenza realistici, come *Nella colonia penale* o il *Messaggio dell'imperatore*: abbiamo sempre la sensazione che qualcosa ci sia celato e prema sotto la superficie imperturbabile del testo.

Ma c'è di più: Kafka inserisce nelle sue trame una quantità sconvolgente di incertezza. Nel romanzo classico abbiamo desideri e conflitti ben definiti: quel che ignoriamo è come si evolveranno le vicende, se tali desideri verranno soddisfatti e i conflitti superati. Così vogliamo sapere che fine farà Julien Sorel, se Madame Bovary troverà l'agognata felicità, come termineranno le intricate vicende dei *Demoni*. Ma cosa vuole davvero K. nel *Castello*? Josef K. è colpevole o meno? E in che modo un medico curerebbe il malato sdraiandosi di fianco a lui? Brancoliamo nel buio: siamo equipaggiati per affrontare la narrativa canonica, ma ora precipitiamo in un mondo nuovo: ancora oggi leggendo Kafka percepiamo distintamente l'onda d'urto del terremoto che ha provocato nella letteratura.[86]

4. *La danza del cosacco e altre meraviglie*

E ora alcuni esempi, scelti di proposito fra i passi meno celebri per sottrarsi ai pregiudizi accumulati e ritrovare, per quanto possibile, un poco di freschezza.

Nel racconto finale di *Meditazione*, la prima raccolta di prose pubblicata da Kafka, il protagonista viene visitato da un fantasma bambino. Il dialogo fra i due è uno scambio, non molto pregnante e un po' vago, di incomprensioni e irritazioni. Quando lo spettro scompare il narratore esce, e un inquilino lo ferma sulla scala:

> «Esce di già, furfante?» domandò, riposandosi sulle gambe allargate su due scalini.
> «Cosa devo fare?» risposi. «Ho appena ricevuto in camera un fantasma».

[86] Come dice benissimo Barbara Di Noi, Kafka «svuota dall'interno il meccanismo narrativo consegnatogli dalla grande tradizione naturalista, lo fa girare a vuoto esponendolo alla luce terribile di un'istanza metafisica, per distruggerlo alla fine come un giocattolo perfetto ma inutile» (B. Di Noi, *In verità, non so nemmeno raccontare... Memoria e oblio nella narrativa di Franz Kafka*, Biblion, Milano 2009, p. 82).

«Lei lo dice con lo stesso malumore che se avesse trovato un capello nella minestra».

«Lei scherza. Ma ci pensi un po', un fantasma è un fantasma».

«Verissimo. Ma se uno non crede ai fantasmi?».

«Perché, pensa forse che io ci creda? Ma a cosa mi serve non crederci?».

«Semplicissimo. Lei non ha più bisogno di aver paura quando un fantasma viene per davvero».

«Sì, ma questa non è la paura principale. La vera paura è quella per la causa dell'apparizione. E questa paura rimane. Anche ora la sento fortissima». Per il nervosismo cominciai a frugarmi in tutte le tasche.

«Ma se non era l'apparizione in sé a farLe paura, Lei avrebbe potuto interrogarla con calma sulla sua causa!».

«Evidentemente Lei non ha mai parlato con dei fantasmi. Da loro non si ottiene mai un'informazione chiara. È sempre tutto un divagare. Questi fantasmi sembrano dubitare anche più di noi della loro stessa esistenza, il che, data la loro evanescenza, non stupisce».[87]

È impressionante come il giovane Kafka avesse già in mano tutti gli strumenti che affinerà più avanti. I personaggi sono ritratti in posizioni o gesti bizzarri e imbarazzanti (le gambe allargate, il frugare nelle tasche). Il dialogo ha un superbo tiro comico, vagamente surreale; eppure il contenuto è dei

[87] F. Kafka, *Essere infelici*, in *Tutti i romanzi. Tutti i racconti e i testi pubblicati in vita*, cit., pp. 1461-1463.

più seri. Infine viene suggerita una tesi che sembra illuminare l'opera a venire: *la vera paura è quella per la causa dell'apparizione*. L'apparizione in sé – come la metamorfosi in insetto – può anche essere accettabile, o comunque è accettata senza troppi patemi: a quanto pare gli spettri esistono e ci si può addirittura litigare. Ma da dove vengono? E cosa cercano? Non abbiamo risposta.

Un altro esempio, stavolta di genere non narrativo, è proposto da Stanley Corngold in apertura del suo saggio *Lambent Traces*:[88]

> Lo scrivere mi si nega. Di qui il progetto delle indagini autobiografiche. Non biografia, bensì indagine e reperimento di componenti il più possibile minute. Da ciò voglio poi trarre coraggio, come una persona la cui casa sia pericolante, e ne voglia costruire una sicura lì accanto, se possibile con i materiali della vecchia. Il brutto è, naturalmente, se le forze vengono a mancare nel bel mezzo della costruzione e se così, in luogo di una casa pericolante ma completa, se ne ha una mezza distrutta e una mezza finita, ossia nulla. Ciò che consegue è pazzia, dunque una sorta di danza cosacca fra le due case, dove però il cosacco, con i tacchi degli stivali, raspa e scava la terra finché sotto di lui non si apre la sua fossa.[89]

[88] Cfr. S. Corngold, *Lambent Traces. Franz Kafka*, Princeton University Press, Princeton and Oxford 2004, p. 2.
[89] F. Kafka, *Il silenzio delle sirene*, cit., p. 199.

Godiamoci la costruzione della scena. Kafka comincia da una nota privata, com'è la natura di questa pagina: non riesce a scrivere, pertanto cerca di trarre coraggio da alcuni dettagli autobiografici – una sorta di esercizio volto ad allenare la mano. Quindi introduce una similitudine: tali indagini sono come una casa sicura, costruita con i materiali della vecchia (cioè con la scrittura letteraria); ma in caso di forze mancanti entrambe le case diventerebbero inabitabili: una mezza distrutta e una mezza finita. Così intuiamo che le energie a disposizione, come i materiali artistici, non sono inesauribili e vanno accuratamente allocate.

Fino a qui tutto bene, ma improvvisamente Kafka complica l'immagine: da tale situazione di doppia precarietà consegue la pazzia, che si manifesta in una «danza cosacca fra le due case», ovvero un *trepak*, la cui caratteristica più nota sono proprio i secchi movimenti alternati delle gambe, mentre i tacchi grattano il suolo. E qui arriva il colpo di grazia: a furia di agitarsi il cosacco si scava la tomba. La frase finisce così e noi vediamo quest'uomo ballare forsennatamente e scomparire sotto terra con l'evento che lo ha originato: i tormenti di Kafka attorno alla propria scrittura.

Nessun altro poteva creare un'immagine tanto incisiva, originale e comica. Osserva Corngold che il salto conclusivo ci porta verso un altro ordine dell'immaginazione: la danza del cosacco si cala dentro al testo, diventa testo a sua volta.

C'è davvero molto Kafka, in queste righe: ma di brani simili ne troviamo a decine, soprattutto nei *Quaderni in ottavo*, e sono uno più bello dell'altro. Un corteo formato da un cavaliere, un cane, alcune oche, un nuotatore, il corriere dello zar e lo zar stesso; venti piccoli becchini che vivono in una baracca nel bosco; mani che lottano fra loro come se avessero vita indipendente; vecchi dotati di ali; un gruppo di amici che dopo la morte sale verso il cielo in girotondo e poi precipita («siccome alle porte del cielo tutto viene frantumato nei suoi elementi»);[90] un pane che si contrae per evitare di essere affettato; un cocchiere ubriaco che si perde guidando un carro funebre...

Ancora: ho già citato *Un medico di campagna* – uno dei miei racconti preferiti – per il suo colpo di scena imprevedibile: il medico del titolo è furibondo perché deve recarsi da un malato ma non ha cavalli; eppure dando un calcio alla porta del porcile ecco uscirne uno stalliere dagli occhi azzurri con due maestosi equini. (L'unico commento della domestica è che non si sa mai cosa ci sia di scorta in casa: sembrano le *Mille e una notte*).

[90] Ivi, p. 46.

Il ritmo è incalzante. La domestica viene aggredita dallo stalliere ma la carrozza è sospinta a destinazione come in un sogno: in un istante siamo a casa del ragazzo malato, mentre i cavalli hanno «chissà come» aperto la finestra e infilato i loro musi squadrando l'interno. In questa scena alla Goya, dopo aver scoperto una ferita infetta nel fianco del ragazzo, il medico narratore si prepara a un rito incomprensibile: viene svestito dalla famiglia mentre un coro di scolari intona una nenia: *Spogliatelo, e curerà / e se non cura, uccidetelo! / È solo un medico, è solo un medico*. Il protagonista si stende dalla parte del muro, sul lato della ferita, tutti escono e il canto tace. Alla fine riuscirà a evadere dalla stanza, ma soltanto per perdersi nella neve.

Cosa fare di un racconto del genere? Sfugge a qualsiasi collocazione. Un genere classico – il medico di provincia che esce per un caso urgente, come ad esempio *Nemici* di Čechov – viene strapazzato senza riguardo.

Per finire, una pagina un po' più conosciuta: il quinto capitolo del *Processo*. Josef K. ha già avuto varie disavventure; gli è stato notificato l'arresto, ha partecipato alla prima udienza, è entrato nelle cancellerie del tribunale rischiando di svenire a causa dell'aria pesante. Una sera uscendo dall'ufficio sente un rumore provenire da un ripostiglio: qui trova le guardie che l'hanno visitato all'inizio del romanzo, in procinto di essere bastonate a causa di una denuncia di K. stesso. Perché proprio lì? Non si sa, anche se il monito è quanto mai evidente: il tribunale agisce dappertutto, persino nei luoghi di lavoro dell'imputato.

K. cerca di convincere il torturatore a smettere perché ritiene i due incolpevoli («responsabile è l'organizzazione, responsabili sono gli alti funzionari»), ma la replica dell'uomo è adamantina: «Sono pagato per bastonare, e dunque bastono».[91] Una guardia supplica K. di aiutarlo anche a costo di abbandonare il collega più anziano, ma viene interrotta da una serie di vergate. Il protagonista terrorizzato chiude il ripostiglio, evita di raccontare la cosa agli uscieri di passaggio, e poco dopo ritorna a casa. Il giorno successivo trova il coraggio di riaprire la porta e tutto è identico: bastonatore, guardie, implorazioni. L'incubo sembra non avere fine.

5. *Immagini e simboli*

L'opera di Kafka è una prodigiosa fabbrica di immagini: a volte ne produce di radicalmente nuo-

[91] F. Kafka, *Il processo*, cit., p. 592. Le guardie sono amareggiate anche perché senza la denuncia di K. avrebbero fatto carriera – diventando a loro volta picchiatori.

ve, a volte fa incetta del patrimonio iconico ricevuto e lo distorce a piacimento. Per Reiner Stach, molti suoi testi sono addirittura espansioni di una singola immagine memorabile, esplorata e seguita fino all'estremo: il rigoroso esaurimento di quanto contiene.[92]

Gli esempi sono innumerevoli: l'insetto nella *Metamorfosi*; la Statua della Libertà che nel *Disperso* regge una spada e non una torcia; la porta della Legge nel *Processo*; il castello (e l'arrivo del viandante) nel romanzo omonimo. Il terreno qui si fa scivoloso, perché sembrano entrare in gioco simboli cui è fin troppo facile apporre significati univoci. Calasso però fa notare che Kafka non chiamava i simboli *Symbole* bensì «*Sinnbilder*, "emblemi", almeno in origine – ed è sostantivo composto da *Sinn*, "senso, significato", e *Bild*, "immagine". *Immagini che hanno significato*: Kafka si sentiva costretto a viverci perennemente in mezzo. Talvolta desiderava evaderne».[93]

Anche la malattia ai polmoni era un *Sinnbild*: la parola ci aiuta a delineare quella che potremmo chiamare una metodologia araldica, il giustapporre immagini e azioni cariche di senso ma la cui chiave non è disponibile, o che si offrono a più interpre-

[92] R. Stach, *Kafka: The Decisive Years*, cit., p. 192.
[93] R. Calasso, *K.*, Adelphi, Milano 2002, p. 135.

tazioni – molte di esse egualmente valide, proprio a causa della loro ambiguità.

In *Kant e l'ornitorinco* Umberto Eco si diverte a interpretare la scena di un rebus in termini narrativi e non per rinvenirne la chiave: fantastica attorno a psicologie e destini dei vari personaggi raffigurati, che per l'enigmista servivano unicamente quali elementi del problema da risolvere. Ciò è possibile perché «i rebus, ultima frontiera del surrealismo, sembrano presentarci sempre situazioni stranite, altamente oniriche».[94] Se evitiamo la deriva surrealista e accettiamo che le situazioni non finiscano in se stesse bensì veicolino un significato oscuro ma di enorme importanza, avremo il mondo di Kafka: così simile a un rebus eppure così diverso, poiché non comporta soluzioni determinate.

«Ma come si passa dai simboli al racconto?», si chiede ancora Calasso.[95] E questa è una domanda contro cui Kafka lottò per tutta la vita, trovando solo risposte parziali – da cui forse la sua difficoltà a terminare. Le immagini erano così potenti da risultare incontrollabili, persino per le sue immense capacità; tant'è che ancora oggi vagano fuori dallo spazio della letteratura e hanno colo-

[94] U. Eco, *Kant e l'ornitorinco*, Bompiani, Milano 1997, pp. 347-348.
[95] R. Calasso, *K.*, cit., p. 136.

nizzato un intero immaginario: basti pensare, di nuovo, alla metamorfosi in insetto o all'apparato del *Processo*.

Alla luce di tutte queste difficoltà, ci si può chiedere legittimamente se Kafka vada preso come un narratore.[96] E così si apre una nuova strada.

6. *Assalto al limite*

L'invito di Kundera – «C'è solo un modo per capire i romanzi di Kafka; leggerli come si legge un qualsiasi romanzo» – è stato fondamentale per svegliare gli interpreti da letture pigramente biografiche o teologiche. Tuttavia rischia di imprigionarci in un nuovo dogmatismo, eludendo la vera specificità di Kafka e ostinandosi a pensarlo come uno scrittore quale Dostoevskij o Woolf. Non è così.

Kafka destinò la prosa letteraria a un uso nuovo, in parte ancora narrativo e in parte no. La tendenza è visibile lungo il suo intero arco creativo, dalla *Descrizione di una battaglia* a *Josefine la cantante*: una rivoluzione assoluta, della portata dav-

[96] La domanda è posta acutamente da Beatrice Sandberg in *Starting in the middle? Complications of narrative beginnings and progression in Kafka*, in J. Lothe, B. Sandberg & R. Speirs (edited by), *Franz Kafka: Narration, Rhetoric, and Reading*, The Ohio University Press, Columbus 2011, pp. 127-128.

vero immensa, e per la quale Kafka non aveva precedenti cui ispirarsi.[97] Come scrive Benjamin:

> [...] Kafka ha rotto i ponti con una prosa esclusivamente narrativa. [...] Si potrebbe rammentare la forma dell'*haggadah*: così gli ebrei chiamano le storie e gli aneddoti del Talmud che servono alla spiegazione e alla conferma della dottrina – dell'*halakah*. La dottrina come tale non è ovviamente mai dichiarata in Kafka. Si può solo tentare di desumerla dal comportamento sorprendente, generato dalla paura o generante paura, della gente.[98]

La pletora di figure bizzarre che invadono il suo mondo realistico non è soltanto uno stratagemma tecnico – tutt'altro. Ci sono in gioco forze abissali che lui prende molto sul serio, e così dovremmo fare anche noi. Ecco il grano di verità della «kafkologia»: nel suo abbaglio testimonia quanto Kafka abbia agito sul nostro sguardo di là del mero fattore estetico.

Usando materiale proveniente dalla contemporaneità e dalla tradizione ebraica, egli ha edifica-

[97] Per Roy Pascal «one might define Kafka's narrative career as a search for a completed form that would not overcome this consciousness of incoherence but embody it – a seemingly impossible undertaking, squaring the circle» (*Kafka's Narrators. A Study of his Stories and Sketches*, Cambridge University Press, Cambridge 1982, p. 16).

[98] W. Benjamin, *Opere complete IV. Scritti 1930-1931*, a cura di R. Tiedemann e H. Schweppenhäuser, edizione italiana a cura di E. Ganni, Einaudi, Torino 2002, p. 441.

to una «nuova mitologia elementare attraverso la quale l'uomo moderno deve riproporsi l'eterna domanda circa il suo destino e la sua salvezza».[99] Le lacune e le omissioni sulla natura dell'assurdo; i prodigi, le leggende e le parabole; i problemi che attanagliano i suoi personaggi, così lontani dalle urgenze del racconto classico (o intesi sotto una luce completamente diversa)... No, siamo ben oltre Strindberg o Čechov. E non è soltanto una questione di realismo, bensì una scommessa sulle possibilità della letteratura come opera alchemica – qualcosa che trascende il racconto e si avvicina, è il caso di ribadirlo pur con ogni prudenza, a un sentimento religioso.[100]

Un passo dei *Diari* recita:

> Tutta questa letteratura è assalto al limite e, se non fosse intervenuto il sionismo, avrebbe potuto evolversi facilmente e diventare una nuova dottrina esoterica, una cabala. Ne esistono gli spunti. Certo qui si ri-

[99] G. Baioni, *Kafka. Romanzo e parabola*, cit., p. 52.

[100] D'altronde non c'è scampo: «Critics demythologize the figure of Kafka *homo religiosus*, of Kafka the existential philosopher – indeed, of Kafka the truth teller. Instead, they offer an author of literary fictions, stressing the degree to which Kafka considered himself a purely aesthetic event. But demythologizing is that labor of the negative which must fall short of Kafka, for it ignores his view that literature intends to speak the truth – albeit figuratively, in the mode of fiction. In the end the demythologizing criticism of Kafka replaces one myth about his work with another» (S. Corngold, *Franz Kafka. The Necessity of Form*, Cornell University Press, Ithaca and London 1988, p. 80).

chiede un genio incomprensibile che affondi nuovamente le radici nei secoli antichi o li ricrei e con tutto ciò non si doni, ma soltanto ora incominci a donarsi.[101]

Qui Kafka sembra illustrare il compito che si era dato, e insieme le possibilità che stava aprendo. La sua prosa in effetti possiede l'autorità del testo sacro, e come esso genera l'allarmante sensazione che quanto leggiamo non sia frutto di mano umana. E invece così è; e appare straordinario che un uomo solo, senza attingere direttamente a un sapere comunitario o a una tradizione orale viva, potesse creare qualcosa di simile. In quest'ottica è sbalorditivo non tanto che abbia lasciato tanti testi incompiuti ma che abbia avuto la capacità di concluderne diversi: il genio da lui invocato non è giunto, ma il *suo* genio ha trovato una soluzione narrativa a un problema di difficoltà assoluta, ritessendo quanto si era disfatto nei secoli.

Perciò quando Nabokov dice che accanto a lui Mann e Rilke sono «nani o statuine di gesso»,[102] non indulge in provocazioni; afferma invece una realtà incontestabile: qui inizia un'altra epoca dell'immaginazione, qualcosa di interamente nuovo.

[101] F. Kafka, *Confessioni e diari*, cit., p. 606.

[102] V. Nabokov, *Lezioni di letteratura*, a cura di F. Bowers, introduzione di J. Updike, traduzione di F. Pece, Adelphi, Milano 2018, p. 358.

Nuovo ma insieme antichissimo: per certi versi Kafka somiglia allo Jahvista. Perché Jehovah tenta di uccidere Mosè in *Esodo* 4,24? Perché lo sconosciuto, forse un angelo, lotta contro Giacobbe? Kafka inventa scene del genere, traboccanti di densità semantica, e ci gioca lasciandoci attoniti perché non compaiono in testi religiosi bensì, per la prima volta con assoluta serietà, in un mondo estremamente laico come quello del romanzo.[103] Kermode lo paragona all'evangelista più aspro:

> Sia Marco che Kafka procedono presentando delle glosse pretesche inaccettabili per le loro parabole. Entrambi sembrano pervenire ad una conclusione avvilente. Matteo fece il primo passo per ridurre il fosco mistero delle proposte di Marco; e, in seguito, un sapere razionale e scientifico fece sparire l'enigma individuando dietro al testo di Marco una versione più di suo gusto.[104]

Kafka creò labirinti senza via d'uscita certa, ma da cui traluce qualcosa di decisivo per noi, qualcosa di fatale che – lo sentiamo nelle ossa – ci riguarda nel profondo. L'impatto sulle nostre vite vale

[103] Nelle parole di Claudio Magris: «Kafka viene dalla tradizione ebraica, e sta là la sua – pur sradicata o come volete – straordinaria forza delle cose ultime, perché là si tratta veramente del Libro di Giobbe, si tratta di non farsi degli idoli» (C. Magris-E. Paccagnini, «Ma senza etica esiste la letteratura?», *Vita e pensiero*, 3, 2005, p. 78).

[104] F. Kermode, *Il segreto nella Parola. Sull'interpretazione della narrativa*, traduzione di M. Graziosi, il Mulino, Bologna 1993, p. 52.

quello di una teodicea: anche in una società secolare è un tema che può ossessionarci, così come *La metamorfosi* non è meno inquietante se ci ripetiamo che trasformarci in insetti è impossibile.

Ma allora e di nuovo, perché Kafka scelse proprio la narrativa per esprimere un cosmo interiore tanto ricco? Credo che la risposta più semplice sia: perché la amava. Non aveva la vocazione del filosofo né del fondatore di religioni; il suo animo estetico era più forte e dopotutto, pur con la sua peculiarità, ragionava da scrittore – per personaggi, trame e lingua. Certe forme di bellezza, a differenza della fede, manifestano la propria energia salvifica nell'istante: promettono e insieme mantengono la redenzione. Lo percepiamo senza difficoltà ascoltando gli ultimi quartetti di Beethoven o davanti a un quadro di Tiziano; perciò è importante rivendicare l'aspetto puramente artistico di Kafka, che non contraddice affatto la sua ricerca spirituale.

Ora la forma a disposizione e nella quale era immerso era appunto il racconto, il romanzo: ma a essa inferse un colpo mortale, portando a compimento la crisi che Flaubert aveva inaugurato con *Bouvard e Pécuchet*. I protagonisti di quest'opera, così piatti e meccanici, già somigliano alle marionette kafkiane; le loro avventure finiscono comicamente nel disastro; e la parola-simbolo *conoscenza* assume quel valore distorto e incomprensibile che assumeranno le parole *condanna*, *processo* o persino *medico* in Kafka.

Benjamin disse che l'opera di Kafka «rappresenta un ammalarsi della tradizione», intendendo ovviamente la tradizione ebraica.[105] Ma potremmo anche intenderla come la grande tradizione del romanzo moderno: con lui la forma si ammala e, pur non morendo, porta per sempre le tracce del morbo contratto.

[105] W. Benjamin-G. Scholem, *Archivio e camera oscura*, cit., p. 314.

Forme

1. *Una scampagnata*

A questo punto possiamo tuffarci nel testo. Per cominciare vorrei gettare luce su alcune specificità formali della prosa di Kafka, le caratteristiche che a una lettura troppo generica o «kafkiana» possono sfuggire e che invece lo rendono un artista della parola estremamente cosciente e originale.

Faremo insomma una scampagnata nella sua opera, guidati da alcune tecniche ricorrenti – senza pretesa di esaurirle, è ovvio – prima di concentrarci sui singoli lavori nel dettaglio.

2. *Focalizzazione ristretta*

Lo straniamento in cui ci gettano le prose di Kafka è potenziato da una tecnica squisitamente narrativa: ridurre la focalizzazione, cioè sovrapporre il punto di vista del narratore a quello del protagonista. Oggi non è nulla di speciale, ma all'epoca era una strategia minoritaria: per il racconto in terza persona si preferivano i tradizionali narratori onniscienti, alla Dickens o Tolstoj.

Il primo a evidenziare tale peculiarità fu Friedrich Beissner, definendola *einsinnige Erzählperspektive*, «prospettiva narrativa unica».[106] In realtà il metodo di Kafka è più ambiguo e complesso: qui e là si verificano piccole rotture di focalizzazione, brani in cui sono riferiti fatti che il protagonista non può conoscere, sottilissime intrusioni del narratore.[107]

In ogni caso, l'intuizione di base resta fondamentale. Restringendo il campo di conoscenze del lettore alla coscienza dei protagonisti Kafka ci consegna all'incertezza morale, spoglia i fatti di ogni supporto interpretativo; affrontiamo sgomenti i colpi di scena, l'irruzione di elementi irrealistici o un'esplosione di comicità senza il conforto di guide esterne. E anche quando il narratore si fa vivo – come alla fine della *Condanna* o della *Metamorfosi* –

[106] Cfr. F. Beissner, *Der Erzähler Franz Kafka: Ein Vortrag*, W. Kohlhammer, Stuttgart 1952.

[107] Sulla varietà della tecnica narrativa di Kafka vedi R. Pascal, *Kafka's Narrators. A Study of his Stories and Sketches*, cit., J. Lothe, B. Sandberg & R. Speirs (edited by), *Franz Kafka: Narration, Rhetoric, and Reading*, cit., R. Robertson, *Kafka: Judaism, Politics and Literature*, Clarendon, Oxford 1985, pp. 74-76 e, sempre di Robertson, il capitolo *Style* in C. Duttlinger (edited by), *Franz Kafka in Context*, cit., pp. 62-69. Per le modulazioni nel *Castello* in particolare vedi E.R. Miller, «Without a Key: The Narrative Structure of *Das Schloß*», *The Germanic Review*, 66:3, 1991, pp. 132-140.

non fa che registrare gli eventi con sovrano distacco, lungi dal proporre morali o significati univoci.

L'esempio migliore è *Il disperso*, proprio per la sua apparente atmosfera dickensiana e picaresca. Rispetto al romanzo ottocentesco il giovanissimo protagonista Karl Rossmann è narrativamente isolato – non c'è una voce che lo sostenga, ne anticipi gli eventi o ne commenti le azioni; né abbiamo modo di scrutare nelle menti di chi lo opprime o cerca di aiutarlo.

Nel terzo capitolo Karl è ospite alla villa di Pollunder, un amico del ricco zio Jakob che lo sta ospitando in America; l'invito peraltro ha lasciato il signor Jakob scontento, ma la focalizzazione ristretta ci impedisce di comprenderne le ragioni. Non appena arrivato alla villa Karl scopre che c'è anche Green, un altro amico dello zio, decisamente più antipatico di Pollunder. Nel vederlo il ragazzo è «come preso da un presentimento»; e durante la cena, mentre Green smembra un piccione e lo inghiotte con un disgustoso colpo di lingua, la tensione aumenta benché non sia ancora chiaro cosa possa succedere. Karl comunque intuisce che qualcosa non va e si dispone a tornare a casa la notte stessa; e qui Kafka, in un bellissimo brano scandito dall'iterazione di *forse*, offre un barlume di speranza con l'immagine di una paternità scevra di violenza:

Forse per la prima volta avrebbe fatto colazione insieme allo zio, lo zio a letto e lui su una sedia, la colazione su un tavolino in mezzo a loro, forse questa colazione comune sarebbe diventata un'istituzione regolare, forse in conseguenza di questo tipo di colazione e quasi inevitabilmente si sarebbero ritrovati durante il giorno più spesso [...]. E anche se oggi avesse dovuto passare qui la notte [...] forse questa visita infelice sarebbe stata il punto di svolta nel miglioramento dei suoi rapporti con lo zio, forse lo zio stesso aveva stasera nel suo letto simili pensieri.[108]

Forse, dolce *forse*! Invece, ma lo scopriremo solo in seguito, è già troppo tardi: Karl non riuscirà nell'intento e l'incomprensibile condanna dello zio cadrà su di lui.

3. *Personaggi sottili e animali non umani*

Secondo Auden nella vita reale può capitare di imbattersi in individui che somigliano a personaggi di Shakespeare o Dickens, «ma nessuno ha mai incontrato un personaggio di Kafka».[109] Con qualche eccezione, ad esempio proprio Karl Rossmann, è vero: è molto difficile immedesimarsi nei prota-

[108] F. Kafka, *Il disperso*, in *Tutti i romanzi. Tutti i racconti e i testi pubblicati in vita*, cit., p. 119.
[109] W.H. Auden, *L'io senza sé*, cit., p. 196.

gonisti kafkiani. In genere sono scarsamente caratterizzati e abbiamo poche informazioni sul loro passato; a volte, specie negli ultimi racconti, sono contratti in mere voci o ne viene esplorato soltanto un lato. Sviluppare una qualche empatia per l'esploratore della *Colonia penale* o per Georg Bendemann, nonostante la sua tragica fine, risulta abbastanza complicato.

In *Aspetti del romanzo* E.M. Forster distingue tra personaggi piatti e tondi: i primi sono bidimensionali e ruotano attorno a un cliché; la qualità principale dei secondi consiste invece nella loro «capacità di sorprenderci in maniera convincente».[110] Il dualismo è un po' rozzo, ma può aiutarci a comprendere meglio l'antinomia dei personaggi kafkiani: in apparenza sono piatti, in quanto spesso riducibili a una breve definizione (l'agrimensore, il cane, la scimmia, il medico ecc.); ma sanno sorprenderci come i tondi – in un modo tutto loro, naturalmente, che è proprio del cosmo kafkiano. Potremmo chiamarli *personaggi sottili*: hanno un che di evanescente, eppure restano memorabili: e tali qualità si adattano benissimo in una narrativa il cui fine non sta tanto nella costruzione di protagonisti complessi quanto nella messa in scena di situazioni-limite.

[110] E.M. Forster, *Aspetti del romanzo*, prefazione di G. Pontiggia, traduzione di C. Pavolini, Garzanti, Milano 2018, p. 91.

Non solo. Già Benjamin notò che in Kafka «i tipi balzacchiani sono stabilmente insediati nell'apparenza: si sono trasformati negli "assistenti", nei "funzionari", negli "abitanti del villaggio"» e così via.[111] La categoria generica, nemica della buona letteratura – il cliché, diciamo – viene messa a frutto proprio a causa della sua opacità; la carenza di individuazione rende credibile che certi personaggi agiscano senza motivo evidente, come se fossero marionette: un'altra delle fenomenali rivoluzioni artistiche di Kafka.

Un caso particolare sono invece gli animali. Da un certo punto in avanti Kafka popola i suoi scritti di gatti, talpe, topi, sciacalli: non di rado prendono la parola, come il cane delle *Indagini*, la scimmia Rotpeter della *Relazione per un'accademia* e l'anonimo topo-narratore di *Josefine*. La loro capacità intellettiva non li ascrive al mondo dell'apologo classico, poiché non esemplificano alcuna virtù precisa né appaiono particolarmente umanizzati: persino il caso più eclatante, Rotpeter, ha imparato a imitare gli uomini solo per fuggire dalla gabbia in cui l'avevano rinchiuso. Non prova attrattiva per il salto di specie in sé; anzi evita di proposito il ter-

[111] Così ad Adorno nel 1939: W. Benjamin, *Lettere 1913-1940*, raccolte e presentate da G.G. Scholem e T.W. Adorno, traduzioni di A. Marietti e G. Backhaus, Einaudi, Torino 1978, p. 383.

mine umano «libertà», parlando di una più franca e animalesca «via d'uscita».[112]

Nell'*Estetica* Hegel identifica una «terza fase» della favola, che in realtà già ne trascende l'ambito specifico; e offre un commento molto adatto alle fiabe distorte di Kafka: «abbiamo dinanzi, nonostante ogni sua asprezza, non uno scherzo di cattivo genere e semplicemente intenzionale, ma uno scherzo che riflette la realtà e va preso sul serio».[113]

E affinché queste storie vengano prese ancora più sul serio, Kafka fornisce alle proprie bestie una soggettività unica, spesso ritraendole come separate dalla massa dei propri simili: Josefine è un'artista, Rotpeter conserva giusto l'aspetto scimmiesco, il cane delle *Indagini* è un incallito solitario. Forse la loro elezione a personaggi sta anche nella peculiarità di essere gli ultimi fra gli ultimi: corpi reietti o vagamente idealizzati dall'umanità, quando non semplicemente nutriti per essere divorati. Il vege-

[112] «Fra parentesi: parlando di libertà gli uomini si ingannano un po' troppo spesso. E come la libertà va annoverata fra i sentimenti più sublimi, così anche il rispettivo inganno è dei più sublimi» (F. Kafka, *Una relazione per un'accademia*, in *Tutti i romanzi. Tutti i racconti e i testi pubblicati in vita*, cit., p. 1767). Una curiosità: dopo aver letto il racconto al Club delle giovani donne di Praga, la moglie di Max Brod scrisse a Kafka tutta contenta: «credo di leggerlo molto bene, la conferma mi viene dal fatto che nel farlo mi sento letteralmente come una scimmia, sento il sudore scimmiesco e lo emano, naturalmente solo durante la lettura» (M. Brod-F. Kafka, *Un altro scrivere*, cit., p. 216). Non è difficile immaginare le risate di Franz davanti a questa lettera.

[113] G.W.F. Hegel, *Estetica*, cit., pp. 440-441.

tariano Kafka intuiva senz'altro questo dolore, frutto di una tirannia data per scontata: e uno sguardo antispecista – cioè critico della superiorità pregiudiziale dell'essere umano – non vede affatto metafore nei suoi animali, bensì individui autonomi: dar loro parola implica rivendicarne la dignità.

4. *Personaggi indecidibili*

Kafka introduce anche personaggi di natura incerta, o comunque non chiaramente attribuibile a un genere: penso soprattutto a Odradek.

Nel racconto breve *La preoccupazione del padre di famiglia* si parla di un essere vivente simile a una spoletta piatta con due stanghette ad angolo retto, grazie alle quali si regge in piedi. Ogni tanto compare sulle scale o in soffitta; a volte se ne va; quindi ritorna. Di solito tace, ma sa parlare. Cos'è?

Il narratore ci informa che la parola *Odradek* – il nome della bizzarra creatura – può derivare dallo slavo come dal tedesco, ma non è di grande aiuto. La sua forma ambigua si offre a letture di vario genere: Odradek è un essere senza polmoni, e sappiamo che Kafka pativa di difficoltà respiratorie; Odradek allarma il *padre di famiglia* come Franz il vecchio Hermann (cui fra l'altro è dedicata la raccolta dove troviamo il brano); addirittura la spoletta a forma di stella richiamerebbe l'ebraismo. Ma che ne è della suggestione di questo personaggio preso così com'è?

Otteniamo di più accostandolo a un altro personaggio indecidibile di Kafka, il gatto-agnello di *Un incrocio*. In questo racconto compare una sorta di specchio negativo di Odradek: un essere fantastico più definito (sembra uscito da un bestiario medievale), più animalesco, e che soprattutto non vive libero ma è posseduto dal narratore – il quale l'ha ricevuto dal *padre*:

> Per questo animale il coltello del macellaio potrebbe forse essere una redenzione, ma avendolo ereditato, glielo devo negare. Perciò dovrà aspettare finché gli manchi il fiato, anche se talvolta mi guarda con intelligenti occhi umani che invitano ad agire con intelligenza.[114]

I due esseri sono accomunati da una qualche intelligenza – Odradek è in grado di parlare, l'incrocio ci scruta con occhi umani – ma se l'incrocio forse desidera morire, Odradek potrebbe addirittura essere immortale. La sua vita appartiene dunque a dimensioni ancora più remote: è un residuo del folklore, uno di quei folletti dispettosi che abitano le case dei contadini, tirando loro i piedi

[114] F. Kafka, *Un incrocio*, in *Tutti i racconti. Volume secondo*, cit., p. 148.

nel letto, rovesciando vasi o nascondendo oggetti. A volte se ne vanno, e ci sembra di essercene liberati: ma poi ritornano invariabilmente da noi, a ridere dei nostri affanni. Vivono un'esistenza lieta e sfuggente, priva di senso e scopo, proprio come gli elfi o le fate delle acque; e l'idea che ci sopravvivano è dolorosa anche per questo: testimonia una volta di più la pochezza delle nostre forze, la miseria dei nostri sogni di grandezza; l'eternità in Kafka non è promessa agli eroi bensì a simili figure lievi e vuote.

Walter Benjamin disse che «Odradek è la forma che le cose assumono nell'oblio. Esse sono deformate e irriconoscibili».[115] Gli esseri di Kafka sono legati a ciò che è stato a lungo sopito, come un oggetto smarrito: ritrovarlo dopo tanto tempo ci provoca un sentimento di estraneità. E i luoghi prediletti da Odradek – scale, corridoi, soffitte – sono gli stessi luoghi del tribunale nel *Processo*: gli spazi della colpa e della pena. Ma più ancora, Benjamin afferma che «questi personaggi di Kafka si ricollegano, attraverso una lunga serie di figure, al prototipo della deformità, al gobbo»;[116] e cita una vecchia filastrocca, nella quale un bambino incontra nella sua camera un

[115] W. Benjamin, *Franz Kafka. Per il decimo anniversario della sua morte*, in *Angelus novus*, a cura di R. Solmi, con un saggio di F. Desideri, Einaudi, Torino 1995, p. 298.

[116] Ibidem.

«omino gobbo / che si mette a ridere» e chiede al fanciullo di pregare anche per lui. Il suo riso è il riso di Odradek: beffardo e terribile insieme.

5. *Descrizioni*

Kafka ha un talento straordinario per le descrizioni, cosa che a un lettore affetto da «kafkismo» può facilmente sfuggire. Il vigore delle sue scene, frutto anche di uno sguardo attento ai dettagli del mondo circostante (come si nota in vari punti dei *Diari*), è animato da un assoluto rigore lessicale unito alla massima densità espressiva: la lezione di Flaubert applicata al meglio. Ecco l'incipit dell'*Educazione sentimentale*, il libro più amato dal nostro:

> Il 15 settembre 1840, verso le sei del mattino il *Ville-de-Montereau* stava per partire e spandeva grosse volute di fumo davanti al quai Saint-Bernard.
>
> Arrivavano persone trafelate; barili, gomene, ceste di biancheria ingombravano il passaggio; i marinai non rispondevano a nessuno; la gente si urtava; i bagagli venivano issati tra le due ruote, e il frastuono si confondeva col sibilo del vapore che sfuggiva tra le lamiere e avviluppava tutto con una nube biancastra, mentre la campana di prua rintoccava senza interruzione.

Finalmente il battello si mosse; e le due banchine, sulle quali erano allineati magazzini, cantieri e officine, sfilarono come due grandi nastri che si srotolano.[117]

E questo è Kafka stesso, dal *Disperso*:

Verso sera arrivarono in un posto di aspetto più rurale e fecondo. Tutto intorno si vedevano campi indivisi che si disponevano su dolci colline con la loro erba appena spuntata; ricche tenute di campagna delimitavano la strada, e per ore si passava attraverso i cancelli dorati dei giardini, più volte incrociarono lo stesso fiume che lentamente scorreva, e udirono spesso al di sopra di sé i treni della ferrovia che rombavano, in alto, sui viadotti sospesi.[118]

L'allievo non ha davvero nulla da invidiare al maestro.

In altre pagine imprime alle scene un ritmo più concitato, orchestrando figure umane, suoni e oggetti per produrre risultati simili a frammenti cinematografici. Nel terzo capitolo del *Processo* K. viene convocato per la domenica successiva in un quartiere che non conosce, a un'ora che non sa: una volta giunto sul posto si guarda intorno e vede

[117] G. Flaubert, *L'educazione sentimentale*, traduzione di L. Romano, introduzione di G. Bottiroli, con *Flaubert e il libro su niente* di C. Magris, Einaudi, Torino 2002, p. 5.

[118] F. Kafka, *Il disperso*, cit., p. 185.

case tutte uguali, case alte e grigie abitate in affitto da povera gente. Oggi, che era domenica mattina, la maggior parte delle finestre era occupata da uomini in maniche di camicia che si sporgevano e fumavano, o tenevano bambini piccoli sul davanzale, con attenzione e tenerezza. Altre finestre erano colme di lenzuola e materassi, sui quali, per un attimo, compariva la testa spettinata di una donna. Ci si chiamava da un lato all'altro della stradina, e un tale rumore aveva su K. l'effetto di una gran risata. Nella lunga strada, a intervalli regolari, si trovavano piccoli negozi, posti sotto il livello della strada e raggiungibili con qualche gradino, che vendevano diversi generi alimentari. Ne entravano e uscivano donne, oppure sostavano sui gradini a chiacchierare. Un verduraio, che esaltava le sue merci in direzione delle finestre, distratto quanto K., stava quasi per investirlo con il suo carretto. Un micidiale grammofono, che aveva lavorato in quartieri migliori, cominciò proprio allora a suonare.[119]

La perfetta gestione del movimento, le finestre come quadri indipendenti, l'alto e il basso, il gioco dei richiami e infine il grammofono che suona proprio al momento giusto, quando K. sta per essere travolto dal carretto, come una comica sottolineatura: è un brano grandioso per dinamismo, cura del particolare ed eleganza formale.

[119] F. Kafka, *Il processo*, cit., p. 537.

Altrove le descrizioni sono più statiche ma non per questo meno efficaci. Nel *Castello* K. paragona la torre locale con il campanile del suo paese, il quale

> si alzava dritto assottigliandosi verso l'alto, senza esitazioni, finendo con un ampio tetto coperto da mattonelle rosse, una costruzione terrena – cos'altro possiamo costruire, noi? – ma con uno scopo più alto rispetto al basso insieme di case e con un'espressione più alta della cupa quotidianità. La torre lassù invece – era l'unica visibile – era la torre di un'abitazione, come ora si poteva vedere, forse dell'ala principale del castello, una costruzione rotonda e uniforme, in parte rivestita di un'edera, con piccole finestre che ora splendevano nel sole – aveva qualcosa di irrazionale – e che finiva con una specie di altana i cui merli si stagliavano sul cielo azzurro come disegnati da una mano infantile timorosa o trascurata, in modo incerto, irregolare, malfermo. Era come se qualche desolato abitante che per giustizia avessero dovuto rinchiudere nella stanza più lontana dell'edificio avesse sfondato il tetto per mostrarsi al mondo.[120]

La frequenza degli incisi rende sintatticamente manifesta la difficoltà di K. a capire la misera architettura del castello, ed è impossibile restare in-

[120] F. Kafka, *Il castello*, in *Tutti i romanzi. Tutti i racconti e i testi pubblicati in vita*, cit., p. 897.

differenti all'energia dell'immagine conclusiva, carica di presagi e ben contrapposta alla precedente similitudine delle merlature, come disegnate «da una mano infantile timorosa o trascurata».

Infine, la qualità espressionistica già presente in Flaubert viene ulteriormente accentuata da Kafka con esiti di sconvolgente bellezza; come dice bene Adorno, molti suoi passi «si leggono come se fossero la traduzione verbale di quadri espressionisti che avrebbero dovuto venir dipinti».[121] Basta uno sguardo ai disegni di Patrick Bakker, ai ritratti di Richard Gerstl o a certi paesaggi di Ernst Ludwig Kirchner (ancor più che Kubin e Schiele) per rendersene conto; illuminanti sono anche le torsioni operate in architettura o nel cinema della medesima corrente. Pur senza far parte dell'espressionismo, e superandolo per moltissimi versi, Kafka ne incarna magnificamente alcuni aspetti – come in quest'altro brano del *Disperso*:

Dalla mattina a sera, come anche nei sogni della notte, sulla strada scorreva un traffico incessante, che appariva come una miscela multiforme e continuamente rifornita di contorte figure umane, insieme a tetti di veicoli di ogni tipo, dalla quale si innalzava un'altra

[121] T.W. Adorno, *Appunti su Kafka*, cit., p. 257.

miscela molteplice e ancor più selvaggia di rumori, polvere e odori, e tutto questo era sopraffatto e attraversato da una luce potente che veniva diffusa, riflessa e di nuovo accuratamente raccolta dalla massa degli oggetti, e che all'occhio affascinato sembrava talmente corporea, come se in ogni momento ci fosse su questa strada una lastra di vetro che copriva ogni cosa e che veniva con tutta la forza frantumata.[122]

Tuttavia Kafka sa dosare con abilità questa tecnica, perché a volte descrive applicando una lente deformante: certi particolari sembrano in apparenza ben delineati, ma a una lettura più attenta risultano difficilmente visualizzabili. Nelle parole di Margarete Susman, i tratti delle figure nei racconti di Kafka «sono sorprendentemente precisi e al contempo oniricamente indistinti – sono precisamente i tratti con i quali si presentano a noi le figure dei sogni».[123]

L'insetto della *Metamorfosi* è descritto in alcune parti con notevole dettaglio, ma non è identificabile; e così Odradek, che si muove molto velocemente e dunque non è possibile averne un'immagine precisa. E cosa dire del castello dell'omonimo romanzo? K. lo squadra in diversi momen-

[122] F. Kafka, *Il disperso*, cit., pp. 87-89.

[123] M. Susman, *Giobbe e Kafka. La contesa con Dio*, a cura di G. Ghia, Morcelliana, Brescia 2019, pp. 49-50.

ti e ci viene restituito con dovizia di particolari, eppure sfugge a una rappresentazione univoca.

Insomma, Kafka è magistrale nell'applicare colore a una parte del quadro e sottrarlo dall'altra, per dare allo stesso tempo l'impressione di massima vividezza e di sfocatura.

6. *Purezza linguistica*

Durante le loro passeggiate notturne – si accompagnavano a vicenda a casa, dalla Schalengasse alla Zeltnergasse e viceversa – i giovani Franz e Max discutevano spesso di letteratura: Brod amava gli stili funambolici e barocchi, mentre Kafka parteggiava per la sobrietà espressiva. Una volta portò ad esempio una frase di von Hofmannsthal: «l'odore di pietre bagnate in un cortile»: e basta leggere un solo paragrafo di Kafka per apprezzare quanto la sua lingua aderisca a tale ideale.[124]

Lontano da sperimentalismi e avanguardie, Kafka era un classicista nell'animo: come sappiamo i suoi modelli erano Kleist, Goethe e Flaubert; e come abbiamo visto nel caso delle descrizioni era perfet-

[124] In una lettera ad Adorno, Benjamin scrisse che «La lingua di cui Hofmannsthal si è privato, potrebbe essere proprio quella che all'incirca nello stesso momento venne data a Kafka. Kafka si è infatti assunto il compito di cui Hofmannsthal si è mostrato moralmente e anche poeticamente incapace» (W. Benjamin, *Lettere 1913-1940*, cit., p. 402).

tamente in grado di infondere slanci lirici alla sua pagina, ma spesso si limitava a impiegare uno stile ingannevolmente semplice, dalla grazia spontanea. La virtù aerea della sua prosa andrebbe rivendicata più spesso: la meravigliosa leggerezza di Kafka, la diabolica levità di Kafka che danzando racconta cose terribili: qualsiasi frase è modellata con una cura istintiva, frutto senz'altro del controllo esercitato ma anche di un immenso talento naturale.

Vale per lui il commento di Roland Barthes allo *Straniero* di Camus:

> Un bel testo è come un'acqua marina; il suo colore deriva dal riflesso del fondo sulla superficie, ed è là che occorre passeggiare, non in cielo o negli abissi; bisogna ammettere che le idee stanno sempre più in alto o più in basso della linea delle parole, e questa terebrante oscillazione è fonte di sgomento; ma la linea delle parole è bella.[125]

Tale castità, per così dire, non comporta tuttavia alcuna piattezza. Gli esempi al riguardo sono innumerevoli: riporto un brano dei *Diari*, dove la potenza dell'immagine si fonda sull'elisione della similitudine e il movimento impresso alla frase stessa, che sembra sbucare dal tetto come raccontato:

[125] R. Barthes, *Riflessioni sullo stile de* Lo Straniero, in *Scritti. Società, testo, comunicazione*, a cura di G. Marrone, Einaudi, Torino 1998, p. 319.

Sono trascinato dentro la finestra del pianterreno di una casa mediante una fune intorno al collo e sollevato, sanguinante e dilaniato, senza riguardo, come da uno che sia disattento, attraverso tutti i soffitti delle stanze, i mobili, i muri e i solai, finché in alto sul tetto appare il laccio vuoto che soltanto allo spezzarsi delle tegole ha perduto anche i miei resti.[126]

Ma Kafka è abilissimo anche nell'uso diretto della similitudine, sempre incisiva e originale, come in questo frammento:

Quando di notte, ogni notte, torno dalla torre, con quanta corporale lentezza è mossa la densa acqua scura sotto la luce della lanterna. Come se io passassi la lanterna sopra un dormiente e lui per la luce si stirasse e girasse soltanto, senza svegliarsi.[127]

O in quest'altro, dove il nitore espressivo pare vestirsi della medesima luce evocata dall'immagine iniziale:

La città assomiglia al sole. In un cerchio mediano è raccolta, densa, tutta la luce; se ne è abbagliati, ci si perde, non si trovano le strade e le case, una volta che si è entrati non si esce letteralmente più. [...] Infine s'inizia la campagna aperta, dai colori smorzati, tardo

[126] F. Kafka, *Confessioni e diari*, cit., p. 388.
[127] F. Kafka, *Il silenzio delle sirene*, cit., p. 30.

autunnale, spoglia, appena attraversata dal guizzo di una sorta di fulmine.[128]

Per definire tale stile Deleuze e Guattari introdussero negli anni '70 un concetto divenuto molto popolare, «letteratura minore». L'espressione si trova, ma al plurale, in una nota kafkiana di fine dicembre 1911, periodo fitto di pensieri su temperamento nazionale ed espressione letteraria: Kafka traccia uno «Schema per caratterizzare piccole letterature», nelle quali si parla di «argomenti piccoli», c'è una «facile formazione di simboli», e la letteratura stessa assume un profondo valore popolare.[129]

Tali qualità, di fatto, *non* si adattano per nulla al tipo di opera che Kafka elaborerà di lì a poco: ritenerla un'idea-guida per sottrarsi all'ombra del «grande» Goethe è allettante ma infondato. E ancora meno fondata è l'interpretazione di Deleuze e Guattari. A loro avviso Kafka scriveva in una lingua deterritorializzata, ovvero il tedesco degli ebrei praghesi, contraddistinto da «vocabolario disseccato» e «sintassi scorretta»: sfruttando tali peculiarità avrebbe forgiato un'arma per scagliarsi contro la lingua «maggiore», sovvertendola – poi-

[128] Ivi, p. 131.

[129] F. Kafka, *Confessioni e diari*, cit., p. 305. Vedi anche le riflessioni di qualche giorno prima, pp. 296-298.

ché nelle letterature minori tutto assume un aspetto rivoluzionario.[130]

Ma la tesi non regge il vaglio di una rigorosa analisi filologica. Il linguista Marek Nekula ha chiarito che il presunto «tedesco di Praga» in cui Kafka scriveva non esisteva in quanto tale, essendo piuttosto un amalgama di varianti; in ogni caso era un normale alto tedesco con influenze regionali e piccole imprecisioni di genere o sintassi tipiche dell'epoca. Dopo una lunga serie di esempi, conclude che la sobrietà linguistica di Kafka non era una faccenda di isolamento del tedesco locale bensì una decisione autonoma.[131]

È importante soprattutto quest'ultimo punto: riconoscere la peculiarità dello stile kafkiano che non ha nulla di politico in senso generico, né è rivolto contro una non meglio definita «letteratura di padroni»: è autentico lavoro artistico.

[130] Cfr. G. Deleuze-F. Guattari, *Kafka. Per una letteratura minore*, traduzione di A. Serra, Quodlibet, Macerata 1996, pp. 29-49.

[131] M. Nekula, *Franz Kafka and His Prague Contexts. Studies on Language and Literature*, Karolinum Press, Charles University, Prague 2016, p. 106. Vero è che Kafka nutriva sentimenti ambivalenti verso il tedesco, essendo ebreo e bilingue: in una lettera a Jesenská confessò di non avere «mai vissuto in mezzo a gente tedesca, il tedesco è la mia lingua materna, e perciò mi è naturale, ma il ceco mi sta più nel cuore» (F. Kafka, *Lettere*, cit., p. 649). Qui «lingua materna» sta per lingua madre. Sospetto vi sia una traccia di atteggiamento seduttivo verso la ceca Milena; in ogni caso, come precisa Nekula, l'affermazione è più che altro relativa al mancato legame tra lingua e identità nazionale, che Kafka certo non sentiva. Sul tema vedi anche R. Robertson, *Style*, cit., p. 62 e S. Corngold, *Lambent Traces*, cit., pp. 142-157.

7. *Ritmo*

Restiamo in ambito di stile. Anche in traduzione è impossibile non cogliere la varietà dei ritmi a disposizione di Kafka: vi sono proposizioni più contratte, frasi lunghe e perfettamente calibrate, iterazioni creative, periodi incidentali usati per accelerare o rallentare – tutta una cospicua gamma di espedienti sintattici.[132]

In galleria ad esempio si apre così, lasciandoci a bocca aperta:

Se un'acrobata a cavallo, impacciata, malata di polmoni, fosse costretta a girare in tondo sulla pista per mesi senza interruzioni su un cavallo barcollante da un impresario spietato armato di frusta, davanti a un pubblico instancabile, sfrecciando sul cavallo, lanciando baci, dondolandosi ai fianchi, e se questo spettacolo proseguisse nel grigio futuro che si apre continuamente davanti, insieme all'ininterrotto brusio dell'orchestra e dei ventilatori, accompagnato da applausi che di continuo svaniscono e poi montano di nuovo, eseguiti da mani che sono in realtà magli a vapore – forse allora un giovane spettatore della galleria scenderebbe di corsa la

[132] Alcuni passi dei *Diari* mostrano quanto Kafka riflettesse consapevolmente sui propri mezzi: «Necessità di parlare delle ballerine con punti esclamativi, perché così si imitano i loro movimenti, perché si rimane nel ritmo e il pensiero non turba il godimento, perché l'attività rimane sempre alla fine della frase e continua meglio ad agire» (F. Kafka, *Confessioni e diari*, cit., p. 353).

lunga scala attraverso tutte le balconate, farebbe irruzione sulla pista, griderebbe: «Basta!» attraverso le fanfare dell'orchestra che si adatta a tutto.[133]

Günther Anders osserva che la cavallerizza è collocata in una frase condizionale smisuratamente lunga: l'immagine stessa perde la poca realtà che aveva, si sgrana di virgola in virgola, ma allo stesso tempo la precisione pittorica di Kafka le infonde una realtà schiacciante: «risulta una *discrepanza tra irrealtà estrema ed esattezza estrema; questa discrepanza genera, dal canto suo, un effetto di* shock, *e questo effetto di* shock, *a sua volta, il sentimento della più acuta realtà*».[134]

Qualcosa di molto simile era già stato raggiunto in un vertiginoso brano giovanile, *Desiderio di diventare un indiano*, la cui carica visionaria e di progressiva spoliazione della figura, anche attraverso il martellare delle virgole, simula l'andamento stesso di una cavalcata – un'altra:

Ma se almeno si fosse un indiano, subito pronto, e sul cavallo in corsa, obliquo nell'aria, si vibrasse sempre un poco sulla terra vibrante, fino a lasciare gli speroni, perché non c'erano speroni, fino a gettar via le briglie, per-

[133] F. Kafka, *In galleria*, in *Tutti i romanzi. Tutti i racconti e i testi pubblicati in vita*, cit., p. 1709.
[134] G. Anders, *Kafka. Pro e contro. I documenti del processo*, a cura di B. Maj, Quodlibet, Macerata 2006, p. 38. Nell'arte moderna Anders trova un solo analogo: i cartoni animati di Walt Disney!

ché non c'erano briglie, e si vedesse appena la campagna davanti a sé come una brughiera liscia e mietuta, senza ormai il collo del cavallo né la testa del cavallo.[135]

E infine la ghirlanda di punti e virgola nell'incipit di *Un medico di campagna*:

Ero in grande imbarazzo: avevo davanti a me un viaggio urgente; un malato grave mi aspettava in un villaggio distante dieci miglia; una violenta tempesta di neve occupava l'ampio spazio fra me e lui; avevo una carrozza, leggera, con grandi ruote, proprio come ci vuole per le nostre strade di campagna; stretto nella pelliccia, con la valigetta degli strumenti in mano, ero già in cortile, pronto alla partenza; ma il cavallo non c'era, il cavallo.[136]

Splendido: Kafka sfrutta la prima persona per entrare in scena senza mediazioni, facendoci piombare nel mezzo dell'azione come in una confessione febbrile, ed elenca gli elementi cruciali usando ancora pennellate espressionistiche (il nevischio che riempie lo spazio) cui il punto e virgola conferisce una qualità danzante, nervosa: mentre le ultime parole, con la ripetizione di «cavallo», hanno il preciso sapore dell'incredulità.

[135] F. Kafka, *Desiderio di diventare un indiano*, in *Tutti i romanzi. Tutti i racconti e i testi pubblicati in vita*, cit., p. 1453.
[136] F. Kafka, *Un medico di campagna*, in *Tutti i romanzi. Tutti i racconti e i testi pubblicati in vita*, cit., p. 1699.

8. *Distorsione causale*

Nei suoi ricordi, il pittore Friedrich Feigl butta lì uno spunto cruciale senza svilupparlo: «il modo di scrivere di Kafka rappresentava una nuova causalità, un nuovo sistema di nessi causali».[137] Sì: la grande innovazione dell'opera kafkiana sta anche nel mettere in discussione il rapporto causa-effetto che sorregge la narrativa classica; il che produce ricadute morali enormi, come ad esempio nel *Processo*, ma è in primo luogo una questione narrativa.

L'esempio più evidente, sul quale tornerò in seguito, è il verdetto emesso dal vecchio padre di Georg Bendemann nella *Condanna* e la sua immediata realizzazione da parte di Georg stesso: gli viene ordinato di morire annegato, e lui si getta obbediente nelle acque. Com'è possibile? Non c'è spiegazione e non c'è nemmeno il soprannaturale in gioco: dobbiamo accettare l'esagerazione del potere causale, o l'enormità dell'effetto rispetto al comando pronunciato.

Ancora. Nel terzo capitolo del *Disperso*, l'abbiamo già visto, Karl Rossmann intuisce nella figura di Green un pericolo imminente, e così sarà: dopo mezzanotte – l'ora delle fiabe – l'uomo gli conse-

[137] H.-G. Koch (a cura di), «*Quando Kafka mi venne incontro*...», cit., p. 222.

gnerà una lettera dello zio con cui viene allontanato per sempre. Ma perché lo zio punisce Karl in maniera tanto spropositata? E perché Green ha atteso la mezzanotte, termine ultimo per salvare Karl, in modo da provocare il bando invece di avvertirlo o riaccompagnarlo a casa? Perché questo odio nei confronti di un ragazzo che nemmeno conosce? Non si sa: tutto quel che ci viene detto è che Green è un po' umiliato di essere stato smascherato, ma pure soddisfatto di aver eseguito l'intento.

9. *Distorsione spaziale e sorprese architettoniche*

Il mondo romanzesco di Kafka è poroso e spazialmente malleabile, come nelle *Mille e una notte*. Nella villa di Pollunder del *Disperso* – che richiama un po' la casa di Barbablù – i corridoi appaiono interminabili e Karl, muovendosi a lume di candela, ha l'inquietante sensazione di girare in tondo; nel *Processo*, il giudice cui Titorelli sta facendo il ritratto entra dalla porticina dietro al letto mentre il pittore dorme e lo scavalca la mattina presto: del resto se gli togliesse la chiave non servirebbe a nulla, perché ogni porta può scardinarsi facilmente – inoltre le cancellerie del tribunale stanno in quasi tutti i solai della città. E nel *Castello* K. non riesce mai a raggiungere il colle dove risiede l'edificio comitale benché esso resti costantemente visibile.

Deleuze e Guattari hanno evidenziato «il dato topografico più sorprendente in Kafka, e non si tratta solo di una topografia "mentale": due punti diametralmente opposti si rivelano, stranamente, contigui».[138] Giustissimo. Lo spazio, sempre percepito a partire da una focalizzazione ridotta, riserva continue sorprese; e anche quando non appare strozzato o deformato, ha comunque un'organizzazione architettonica illogica. Sono scenari che ricordano ancora una volta il cinema espressionista, ad esempio le distorsioni dell'effetto Schüfftan – uno specchio disposto a 45 gradi sulla macchina da presa – o le grandiose scenografie del *Dottor Caligari* a cura di Warm, Reimann e Röhrig.

Il castello da questo punto di vista offre il meglio. La cancelleria dove ha accesso il messaggero Barnabas è divisa in due settori da un leggio, e i funzionari lavorano nella parte stretta dove è complicatissimo muoversi; leggono stando in piedi ai leggii ma si scambiano di continuo i posti creando inutili disagi. Quanto agli alloggi dei segretari presso la Locanda dei Signori, si tratta di camere disposte lungo un corridoio in discesa, con porte l'una quasi a ridosso dell'altra e pareti che non toccano

[138] G. Deleuze-F. Guattari, *Kafka. Per una letteratura minore*, cit., p. 129.

il soffitto per esigenze di ventilazione – è di fatto una cantina – e lo svantaggio è dunque la mancanza di tranquillità; c'è rumore ovunque.

Nei racconti questa distorsione spaziale è meno frequente, ma qui e là ne compaiono delle tracce: la strana distribuzione delle camere della *Metamorfosi*, la città infinita del *Messaggio dell'imperatore* (che mima un paradosso di Zenone, come notò Borges),[139] e ancora i meandri della nave del *Fuochista* dove Karl si perde: «Tutto improvvisamente diventa di grande importanza. Acquista rilievo, troppo rilievo».[140]

10. *Distorsione temporale*

Per finire, anche il tempo è soggetto ad alterazioni. Nel suo saggio pionieristico Margarete Susman intuì subito questo aspetto, unito allo stravolgimento spaziale; e poiché «non si può addivenire ad un tempo o ad uno spazio comuni, non si può neppure giungere ad una comune giustizia umana».[141]

[139] Vedi J.L. Borges, *Kafka e i suoi precursori*, in *Tutte le opere. Volume primo*, a cura di D. Porzio, Mondadori, Milano 1984, pp. 1007-1009. Il paradosso afferma l'illusione del movimento sulla base dell'infinita divisibilità dello spazio.

[140] R. Calasso, *K.*, cit., p. 204. Sul tema architettonico in Kafka cfr. anche A.M. Racheli, *Il luogo kafkiano*, Dedalo libri, Bari 1979.

[141] M. Susman, *Giobbe e Kafka*, cit., p. 54. Il testo fu pubblicato nell'aprile 1929.

Sempre nella villa di Pollunder del *Disperso*, quando Karl chiede l'ora a un servitore – ansioso com'è di giungere in tempo all'appuntamento di mezzanotte – i minuti trascorrono troppo rapidamente, se paragonati al tempo della narrazione.

Nel *Medico di campagna* la compressione è ancora più lampante: dopo essere emerso dal porcile con i due cavalli, lo stalliere aggredisce la domestica del dottore e il racconto passa di colpo dal passato al presente: «l'uomo la afferra e poggia il suo viso contro il suo». È un anticipo grammaticale del vertiginoso cambio di tempo narrativo cui assisteremo da lì a poco. Lo stalliere infatti impedisce al medico di soccorrere la ragazza con un battito di mani, grazie al quale come per incanto «la carrozza è trascinata via come legname nella corrente; faccio ancora in tempo a sentire come la porta di casa mia si incrina e si sbriciola sotto l'attacco dello stalliere»: ma pure questo dura un istante, perché il protagonista è già arrivato a destinazione; ha smesso di nevicare e i genitori del malato lo accolgono in casa. Il tutto in pochissime righe.[142]

Ma l'intervento può anche consistere in un blocco selettivo. Il bastonatore del *Processo* viene sco-

[142] F. Kafka, *Un medico di campagna*, in *Tutti i romanzi. Tutti i racconti e i testi pubblicati in vita*, cit., p. 1701. Per gli scarti di tempo verbale vedi D. Cohn, «Kafka's Eternal Present: Narrative Tense in "Ein Landarzt" and Other First-Person Stories», *PMLA*, vol. 83, no. 1, 1968, pp. 144-150.

perto nello sgabuzzino una seconda volta, come abbiamo visto, ed è plausibile che la punizione si ripeterà all'infinito, paralizzando il tempo di quel luogo – e di quel luogo soltanto – in una sorta di eternità punitiva.

Infine, nel *Villaggio più vicino* Kafka offre una sintesi dell'operazione attraverso un immaginario motto popolare, messo in bocca al nonno del narratore: la brevità della vita è paragonata all'impossibilità di credere che «un giovane possa decidersi a cavalcare fino al villaggio più vicino, senza temere che – a prescindere del tutto da sfortunati imprevisti – già il tempo di una vita ordinaria, che scorre felicemente, sia di gran lunga insufficiente per una simile cavalcata».[143]

11. *Dialoghi sull'abisso*

Le conversazioni dei racconti kafkiani si avvitano di continuo su se stesse, con momenti di incomprensione reciproca che lasciano il lettore completamente spaesato. «Uno dei mezzi del male è il dialogo»,[144] e davvero c'è un elemento non tanto di incomunicabilità quanto di confusione delle lingue.

[143] F. Kafka, *Il villaggio più vicino*, in *Tutti i romanzi. Tutti i racconti e i testi pubblicati in vita*, cit., p. 1735.

[144] F. Kafka, *Gli otto quaderni in ottavo*, cit., p. 717.

Abbiamo assistito alla surreale discussione tra il narratore e il vicino di pianerottolo al termine dell'ultimo racconto di *Meditazione*, e vedremo più nel dettaglio le stranezze dello scambio fra Georg Bendemann e il padre nella *Condanna* o dell'esploratore e dell'ufficiale nella *Colonia penale*; in generale si ha l'allarmante sensazione che i personaggi stiano recitando, distorcendola, una parte loro assegnata: che improvvisino come su un palco teatrale seguendo di volta in volta le sollecitazioni reciproche.

Questi dialoghi traballano sospesi sull'abisso, eppure non crollano mai: valga per tutti il delirante scambio fra K. e gli aiutanti nel secondo capitolo del *Castello*:

«Chi siete?» chiese, scorrendo lo sguardo dall'uno all'altro. «I suoi aiutanti», risposero. «Sono gli aiutanti», confermò a bassa voce l'oste. «Come?» chiese K., «voi siete i miei vecchi aiutanti, quelli che ho fatto venire e che stavo aspettando?». I due dissero di sì. «Va bene», disse K. dopo un po', «è una buona cosa che siate venuti». «Del resto», disse K. dopo un altro po', «siete parecchio in ritardo. Siete molto negligenti». «Era una lunga strada», disse uno dei due. «Una lunga strada», ripeté K., «ma io vi ho incontrati mentre venivate dal castello». «Sì», dissero quelli senza ulteriori spiegazioni. «Dove sono gli apparecchi?» chiese K. «Non ne abbiamo», dissero. «Gli apparecchi che vi ho affidato», disse K. «Non ne abbiamo», ripeterono. «Ah, ma che gente!» disse K., «almeno ne capite qualcosa di agrimensura?». «No», dissero. «Ma se siete i miei vecchi aiutanti dovete pur capirne qualcosa», disse K. I due rimasero in silenzio. «Venite, dunque», disse K., e li spinse davanti a sé dentro casa.[145]

Andando avanti nel romanzo si intuisce qualcosa di più; ripensando all'esitazione di K. supponiamo che stia procedendo a tentoni, seguendo la dialettica già ingannevole del castello, e debba accettare quel che accade – in primo luogo gli aiutanti, che del castello sono un'emanazione. Ma alla prima lettura la conversazione sembra puro Beckett; ed è magnificamente comica.

12. *Colpi di scena grammaticali*

Un peculiare meccanismo stilistico di Kafka è il ricorrere a periodi ipotetici smentiti dalla realtà (*se/ma*) o contrapposizioni dirette e improvvise tra fatti (il solo *ma*).[146] Il già citato *In galleria* è un esempio perfetto del primo tipo: all'iniziale ipotetica –

[145] F. Kafka, *Il castello*, cit., pp. 909-911.

[146] «His sentences often consist of two clauses: the first states a fact or a guess; the second qualifies, questions, negates it. The conjunction "but" is, therefore, most characteristic of Kafka's thought structure. The frequent use of "even if" clauses expresses the tendency to cancel expectations and refute inferences» (W.H. Sokel, *The Myth of Power and the Self. Essays on Franz Kafka*, Wayne State University Press, Detroit 2002, p. 40).

«Se un'acrobata a cavallo» eccetera – segue un secondo paragrafo, fondato acrobaticamente su un lunghissimo inciso fra due opposizioni elementari, che cancella l'immagine edificata con tanta pazienza: «Ma siccome non è così; una bella dama bianca e rossa vola dentro attraverso i sipari, aperti davanti a lei da orgogliosi uomini in livrea», eccetera. I sipari spalancano la frase stessa, e l'inciso si conclude soltanto alla terzultima riga con perfetta simmetria: «siccome le cose stanno così, lo spettatore della galleria poggia il suo viso sul parapetto e, sprofondando nella marcia finale come in un sogno pesante, piange senza saperlo».[147] Un pezzo di virtuosismo linguistico davvero straordinario.

Per quanto riguarda il secondo tipo, memorabile è *Un messaggio dell'imperatore*, uno dei più celebri testi di Kafka e una delle pagine più belle della letteratura di ogni tempo. Qui non c'è costrutto ipotetico: l'imperatore del racconto ha inviato a te un messaggio, e l'ha fatto realmente, o almeno «così dicono»: e il suo messaggero è un uomo infaticabile e robusto, dotato delle insegne imperiali, e avanza tra la folla: *ma* la moltitudine è sterminata e in nessun caso potrà superare gli appartamenti del primo palazzo, e poi quelli del secon-

[147] F. Kafka, *In galleria*, in *Tutti i romanzi. Tutti i racconti e i testi pubblicati in vita*, cit., p. 1711.

do, e i cortili, e la capitale «sprofondata in mezzo ai suoi detriti»: *ma* tu ne sogni alla finestra, quando scende la sera.[148] La contrapposizione delle due avversative genera un effetto di dolcezza che non trova eguali, anche grazie all'uso del verbo «sognare» (*erträumen*) che infonde, con una mossa ardita, un barbaglio di speranza all'interno del quadro reale.

13. *Colpi di scena narrativi*

Kafka è anche un maestro del classico colpo di scena narrativo, che tuttavia utilizza senza voler catturare a ogni costo l'attenzione del lettore: si tratta ancora di coincidenze talmente paradossali da alterare quasi il tessuto del realismo. Sottolineando la densità degli incontri inaspettati che riempiono i testi kafkiani, Kundera ha parlato giustamente di una *poetica della sorpresa*.[149]

Nel *Fuochista* (il primo capitolo del *Disperso*) Karl ritrova lo zio emigrato in America proprio sulla nave da cui stava per sbarcare: coincidenza quasi incredibile, ma la tonalità stessa del racconto la rende coerente, rinegozia il patto con il lettore. E quando nel *Processo* Josef K. viene convocato sen-

[148] F. Kafka, *Un messaggio dell'imperatore*, in *Tutti i romanzi. Tutti i racconti e i testi pubblicati in vita*, cit., p. 1739.

[149] Cfr. M. Kundera, *I testamenti traditi*, cit., p. 58.

za indicazioni per un'udienza, inizia piuttosto assurdamente a bussare a varie porte chiedendo se lì abiti un certo falegname Lanz;[150] finché al quinto piano una lavandaia lo fa entrare in una sala del tribunale – del tutto implausibile eppure conforme all'atmosfera inaugurata fin dall'inizio. Qualche capitolo dopo, mentre è dall'avvocato Huld con lo zio, K. scopre all'improvviso che nella stanza c'è un signore anziano nascosto nel buio, addirittura il direttore delle cancellerie (che tra l'altro pensa di avere visto nella folla della prima udienza, e che, si scoprirà, controlla la sua causa!).

Il colpo di scena può anche essere di carattere atmosferico: ad esempio con l'accostamento repentino e imprevedibile di tragedia e comicità, di alto e basso. Nel *Castello*, al termine di una splendida scena d'amore fra K. e Frieda, la donna batte alla porta del funzionario Klamm urlando che ora sta con l'agrimensore. K. è sconvolto; ma dopo averlo placato, dicendo che lei sola è perduta, Frieda nota sul bancone i due aiutanti Artur e Jeremias, «un po' stanchi per la notte insonne ma allegri» e soddisfatti di aver vegliato tutta la notte.[151] L'effetto è fortissimo e trasmette un

[150] In un capitolo non incluso nell'ordine consueto, *L'amica della B.*, Lanz è il nome del nipote della signora Grubach, che vive come K. nella pensione da lei gestita.

[151] Cfr. F. Kafka, *Il castello*, cit., p. 953.

senso di profonda vergogna: è uno squarcio deliberato in uno dei momenti emotivamente più alti del romanzo. Rileggendolo penso ogni volta al *Trittico dell'adorazione dei magi* di Bosch: nel pannello centrale, dietro la nobile venerazione di Gesù, compaiono personaggi grotteschi e sgradevoli, così come i popolani che osservano la scena più per bassa curiosità che per devozione. Non c'è riparo dal male.

14. *Gesti e clownerie*

Per finire, Kafka usa il corpo umano e animale piegandolo in varie forme, con un gusto per la gestualità esagerata e la comicità *slapstick*. Oltre all'alta letteratura, Kafka apprezzò sempre anche la narrativa popolare e in particolare i libri di avventure; inoltre, come già sappiamo, fu un appassionato spettatore del teatro jiddish.[152] A giudizio di Benjamin, l'opera kafkiana «rappresenta un codice di gesti che non hanno già a priori un chiaro significato simbolico per l'autore, ma sono piutto-

[152] «Kafka had never internalized a disdain for popular culture – an attitude that was utterly alien to his family – and he loved not only all that was good, true, and beautiful, but also all that was exciting, exotic, comic, spirited, erotic, and stirring» (R. Stach, *Kafka: The Early Years*, cit., p. 339). Aveva inoltre un certo interesse nel cinema, benché fosse più attratto dai fotogrammi. Chissà se avrebbe amato i fumetti.

sto interrogati al riguardo in ordinamenti e combinazioni sempre nuove. Il teatro è la sede naturale di questi esperimenti».[153]

In effetti le smorfie di Yitzhak Löwy, del quale si conservano alcune fotografie, ricordano subito le clownerie dei personaggi kafkiani. Riecco gli aiutanti del *Castello*, in tutta la loro disturbante comicità: K. li ha sbattuti fuori dalla scuola dove dimora con Frieda:

> Poco dopo comparvero alle finestre della palestra, bussavano alla finestra e gridavano, ma non si capiva più quel che dicevano. Anche lì però non rimasero a lungo, la neve alta non gli consentiva di saltare qua e là come richiedeva la loro irrequietezza. Perciò corsero all'inferriata del giardino, salirono sul muretto di pietra sottostante, dal quale, sia pure da lontano, riuscivano a vedere meglio dentro la stanza, si misero a correre avanti e indietro stringendosi all'inferriata, poi si fermarono, e allungavano imploranti le mani giunte in direzione di K.[154]

Anche la corsa è un gesto ricorrente: nella *Condanna* Georg Bendemann si precipita fuori dalla casa paterna; nel *Disperso* Karl corre di continuo per sfuggire a chi vuole abbrancarlo; la corsa finale in *Bambini sulla strada* è ancora intrisa di me-

[153] W. Benjamin-G. Scholem, *Archivio e camera oscura*, cit., p. 285.
[154] F. Kafka, *Il castello*, cit., pp. 1103-1105.

raviglia e desiderio fremente d'avventura; si corre in *Un imbroglione smascherato* e ovviamente in *Quelli che corrono via*; Josef K. si affretta per raggiungere la sede del primo interrogatorio; e verso la fine del *Castello*, quando i segretari si svegliano al trillo irritato di un campanello, i locandieri accorrono a braccia larghe, quasi facendo un saltino a ogni interruzione del suono – una scena di eccezionale leggiadria.

Del resto l'esasperazione dei gesti non toglie eleganza ai personaggi: piuttosto la deforma. In certi casi assistiamo a una grazia buffa e dolente, alla Chaplin; altrove le scene richiamano l'agilità acrobatica di Buster Keaton, o – nei duetti – l'esilarante interazione tra Stanlio e Ollio.

Un celebre momento di *slapstick comedy* si trova in un aneddoto del *Processo*, dove alcuni avvocati cercano di stanare un funzionario affrontandolo uno dopo l'altro: vengono buttati giù dalle scale e acchiappati al volo dagli altri colleghi, finché il loro uomo non si stanca e alla fine riescono a intrufolarsi nell'ufficio. Meno nota, ma altrettanto spassosa, è la scena di Kullych nel frammento *Visita alla madre*: l'impiegato vuole a ogni costo istruzioni su una lettera; K. lo scaccia infastidito sulle scale ma «quel biondo testone, ottuso com'era, respinse il gesto e agitando il foglio si precipitò dietro a K. saltando a rischio della propria vita». Alla fine il protagonista gli leva la lettera di mano, la straccia e se ne va, rammaricandosi solo di non aver potuto dare a Kullych «due bei ceffoni sulle guance pallide e rotonde».[155]

Ma la mia preferita resta la zuccata fra Karl e Robinson nel *Disperso*, mentre cercano il flacone di profumo della loro *maîtresse* Brunelda: a tutta la pagina è impressa un'accelerazione da film muto e non è difficile immaginare un arabesco di pianoforte in sottofondo:

> Ma sulla strada verso il tavolo – Karl pensava solo al profumo e a nient'altro – si scontrò violentemente con Robinson, il quale alla fine aveva rinunciato a cercare sotto il divano e, come se gli fosse venuto in mente in quel momento dove poteva essere il profumo, era corso alla cieca incontro a Karl. Si udì chiaramente lo scontro delle loro teste, Karl rimase zitto, Robinson invece non smise di correre ma per sopportare il dolore si mise a urlare, a lungo e forte in modo esagerato.[156]

Questo ci porta a riflettere sulla natura del riso kafkiano, un altro aspetto destinato a calcificarsi in luogo comune. Sappiamo che Kafka era dotato di un eccellente senso dell'umorismo e amava mol-

[155] F. Kafka, *Il processo*, cit., p. 851.
[156] F. Kafka, *Il disperso*, cit., p. 401.

to scherzare:[157] a una lettura attenta tale qualità traspare nei suoi scritti, ma sotto le risate intravediamo quanto Kundera chiamò l'*orrore del comico*, che non accompagna l'elemento tragico bensì lo distrugge sul nascere sottraendo alle vittime qualunque grandezza.[158] In Kafka tutto è tragico e tutto è ridicolo nello stesso tempo.

A tal proposito, un episodio famoso e spesso travisato è il riso irrefrenabile che accompagnava Franz e gli amici mentre lui leggeva il primo capitolo del *Processo*. *Che diavolo c'è da ridere?*, può domandare il lettore alle prese con l'arresto di un innocente. Ma Josef K. compare in pigiama mentre i sorveglianti gli mangiano la colazione; alla finestra di fronte lo spiano sgradevolmente due vecchi e un tizio con una camicia aperta sul petto; K. non trova i documenti e sulle prime vuole mostrare la sua tessera da ciclista; cerca da sedersi ma non ci sono più sedie; e quando infine esce di casa in

[157] E non solo da giovane. Ecco un aneddoto gustoso: alla fine del 1920 Kafka si recò in licenza per malattia a Matliary, presso i monti Tatra, dove conobbe il medico Robert Klopstock (che l'avrebbe assistito durante gli ultimi giorni di vita). Qui alloggiava l'ufficiale Holub, dilettante di pittura: un giorno, immagino con una certa enfasi, espose in sanatorio le proprie tele. L'occasione era troppo ghiotta; per prendersi gioco di lui Kafka e Klopstock scrissero due recensioni anonime ed entusiastiche su due giornali differenti, uno tedesco e uno ungherese: il colmo si ebbe quando Holub si rivolse proprio a Klopstock per farsi tradurre il pezzo in ungherese. (Cfr. R. Stach, *Kafka: The Years of Insight*, cit., p. 397).

[158] M. Kundera, *L'arte del romanzo*, traduzione di E. Marchi, Adelphi, Milano 1988, pp. 150-151.

taxi per recarsi in banca con tre colleghi – messi non si sa come a disposizione dall'ispettore – avrebbe tanto bisogno di una parola buona: però Rabensteiner guarda a destra, Kullych a sinistra «e solo Kaminer era lì disponibile con il suo ghigno, sul quale purtroppo i sentimenti di umanità proibivano di scherzare».[159] Sembra tutto una brutta burla: Brod annota che il riso scatenato da Kafka durante la lettura non era «un riso buono e tranquillo. C'era però anche una parte di riso buono accanto alle cento parti paurose che non intendo minimizzare».[160]

Riso buono, riso cattivo: l'impossibilità di distinguerli con precisione, persino da parte di chi rideva con lui, è rivelatrice della doppiezza kafkiana.

[159] F. Kafka, *Il processo*, cit., p. 511.
[160] M. Brod, *Franz Kafka*, cit., p. 200.

Figli / Castighi

1. *Progetti perduti*

In una lettera a Kurt Wolff del 4 aprile 1913 Kafka propone di raccogliere *Il fuochista* (che «è un frammento e tale rimarrà»), *La metamorfosi* e *La condanna* in un unico volume: insieme «darebbero forse un ottimo libro che si potrebbe intitolare *I figli*».[161] Una settimana dopo torna alla carica spiegando che i tre racconti formano un tutt'uno; «fra essi c'è un legame evidente e più ancora un legame segreto alla cui presentazione [...] non vorrei rinunciare»: tiene alla loro unità complessiva non meno che all'unità di ciascuno di essi.[162] Ma non se ne farà nulla.

Due anni dopo, il 15 ottobre 1915, suggerisce alla stessa casa editrice di pubblicare una raccolta dal titolo *Castighi* che unirebbe *La metamorfosi*, *La condanna* e – invece del *Fuochista* – *Nella colonia*

[161] F. Kafka, *Lettere*, cit., p. 136.
[162] Ivi, p. 137.

penale.[163] I tempi sono alquanto laschi: il 10 ottobre 1916 Wolff sembra accettare il progetto, ma stavolta è Kafka a glissare dicendo che sarebbe meglio aspettare una nuova opera più ampia, che peraltro non ha: non se ne parlerà più, forse complice la guerra.[164]

Perché allora non prendere Kafka in parola e considerare tali progetti come compiuti? Chissà che giustapponendoli non riusciamo a intravedere i legami interni di cui parlava, e illuminare un po' meglio la sua opera.

2. *Famiglia e orrore:* La metamorfosi

«Se esiste una caratteristica fondamentale del mondo mitico, una legge che lo governa» – così Cassirer – «questa è la legge della metamorfosi»: in esso tutto può divenire altro, poiché è percorso da «una continua e ostinata negazione del fenomeno della morte».[165] Cambiando continuamente forma,

[163] Cfr ivi, p. 157; la lettera è indirizzata al procuratore della casa editrice, G.H. Meyer.

[164] Cfr. ivi, pp. 173-178. Per completezza: passa un altro anno e Wolff accetta di pubblicare *Un medico di campagna*; Kafka gli spiega che prenderà moglie – Felice Bauer –, lascerà il lavoro e andrà a Berlino mantenendosi come scrittore, dunque confida in lui per un sostegno economico. Tutti questi progetti andranno rapidamente in fumo.

[165] E. Cassirer, *Saggio sull'uomo. Una introduzione alla filosofia della cultura umana*, traduzione di C. D'Altavilla, Armando Editore, Roma 2004, p. 163 e p. 166 rispettivamente.

nonostante i dolori e le sventure, l'unità dell'esistenza viene rispettata; il folklore come la religione si nutrono di trasformazioni, poiché la natura stessa ne è prodiga. Il baco si trasforma in farfalla, il girino in rana, gli insetti cambiano il loro esoscheletro: tutto muta, tutto vive.

Nella *Metamorfosi* anche Kafka risveglia le oscure forze del mito, aprendo uno squarcio in una scena quasi čechoviana per ambientazione e dinamiche; ma invece di negare la morte, Gregor Samsa soccombe nella forma bestiale che gli è destinata. Per questo relitto dell'epoca dove gli uomini si trasformavano in animali o stelle non c'è speranza: la mutazione di Samsa «è una di quelle malattie orrende, fulminee, inesplicabili, inguaribili, che scoppiano nei paesi che vivono fuori dalla giurisdizione igienica della "mente latina"», scrive Savinio, per poi domandarsi: «Ma alla malattia di Gregorio Samsa, quale terapia opporre?».[166] Già: come curare l'incurabile? Alla mente classica e razionale – quella di Goethe, che resta salda anche scendendo presso le Madri del *Faust* – Kafka contrappone il suo sapere notturno.

Già i primissimi recensori del racconto ne furono colpiti: nel 1916 Loewenstein parlò del «contrasto con ciò che vale per le metamorfosi delle an-

[166] A. Savinio, *Ascolto il tuo cuore, città*, Adelphi, Milano 1984, pp. 277-278.

tiche fiabe popolari, nelle quali l'uomo viene sì magicamente trasformato in orso o in ranocchio, ma solo per riacquistare – attraverso prove e peripezie – la pienezza della dignità umana».[167] In tal senso tradurre *Die Verwandlung* con *La metamorfosi* – in luogo di un più ovvio *La trasformazione* – conserva una punta di sapore arcaico che non stona affatto: al pari di altri personaggi mitologici, ad esempio Atteone reso cervo per aver spiato Diana, anche Gregor subisce un mutamento definitivo. La differenza sostanziale è che Gregor non ha fatto nulla per meritarsi un simile castigo: qualsiasi traccia di ammonimento morale evapora a contatto con la parola kafkiana.

E tuttavia, oltre a testimoniare un mistero irriducibile, mi pare che *La metamorfosi* illumini una violenza molto diversa e forse peggiore di quella mitica: la violenza del lavoro e della famiglia.

Kafka scrisse il racconto verso la fine del 1912 ma lo pubblicò solo tre anni dopo, prima per la rivista *Die weissen Blätter* – con scarsissima cura editoriale, di cui si lamentò – e poi in volume per la collana «Der jüngste Tag» di Kurt Wolff. Probabilmente è il suo testo più celebre; di certo è uno

[167] Citato in H. Binder, *La "contrometamorfosi di Gregor Samsa". Karl Brand e Franz Kafka*, traduzione di G. Chiarini, in L. Zagari (a cura di), *Franz Kafka*, Shakespeare&Company, Napoli 1983, p. 88.

dei più perfetti e sconvolgenti, benché Kafka se ne dicesse come sempre insoddisfatto.[168]

La trama è più o meno nota a chiunque: il commesso viaggiatore Gregor Samsa si sveglia una mattina trasformato in insetto e ciò provoca una serie di incidenti tra il grottesco e il terribile con la famiglia e altri avventori della casa, fino alla morte di Gregor. In una lettera a Felice Bauer, Kafka disse che avrebbe voluto leggerle il racconto ma tenendole una mano, «perché la storia è un po' paurosa»: a dir poco un eufemismo.[169]

Come abbiamo già visto, secondo un tipico meccanismo kafkiano, il fatto aberrante da cui prende avvio la storia è coperto da una patina di rapida accettazione. Ancora a letto Gregor effettua una ricognizione del suo nuovo corpo, ma senza farsi domande sulla trasformazione in quanto tale; più che altro si rassegna. Qui in effetti è ancora molto essere umano lavoratore e ben poco in-

[168] «[...] ho letto *La metamorfosi* e mi pare brutta»; «Profondo disgusto per la *Metamorfosi*. Illeggibile la fine. Imperfetta quasi fino in fondo. Sarebbe riuscita molto meglio se allora non mi avesse distratto il viaggio d'affari» (F. Kafka, *Confessioni e diari*, cit., p. 399 e p. 424). Anche in alcune lettere a Felice si lamenta del racconto a causa dei troppi impegni che lo sovrastano (F. Kafka, *Lettere a Felice*, cit., pp. 133-134). Probabilmente qui agisce l'ideale di una scrittura a flusso continuo, senza pause; ancora una volta il lavoro gli impedisce di scrivere come vorrebbe, e offusca anche il suo giudizio.

[169] Ivi, p. 82. Il giorno dopo lo definirà, con maggiore franchezza, «eccezionalmente ripugnante» (ivi, p. 83).

setto: si lamenta a lungo della durezza della professione (che avrebbe abbandonato da tempo se non dovesse provvedere alla famiglia); è terrorizzato perché ha perso il primo treno e rischia di mancare quello delle sette; pensa di darsi malato ma sarebbe imbarazzante – non ha mai preso permessi, e il principale lo potrebbe rimproverare di essere un fannullone. Infine, quando il procuratore aziendale è in effetti giunto a far luce sull'assenza e lo minaccia dietro la porta chiusa, Gregor si chiede perché la sua ditta sia immersa in un clima di perenne sospetto e intimidazione.

Una lettura attenta della *Metamorfosi* non può dimenticare simili aspetti oppressivi, tutti radicati nel mondo reale e ancora non relativi alla trasformazione in sé: lo sfruttamento professionale fondato sul debito, i crudeli rimproveri del capo, un padre in apparenza fragile e che in realtà si scoprirà essere violento e scroccone,[170] una madre remissiva e una sorella amorevole che alla fine si rivelerà la vera esecutrice – scindendo per sempre «il mostro» da Gregor. Siamo lontanissimi dell'evo classico: il residuo delle metamorfosi mitiche in un appartamento novecente-

[170] Gregor si trasforma proprio in ciò che il padre è, un parassita. Benjamin fu il primo a intuirlo: «anche il padre, nelle strane famiglie di Kafka, vive del figlio, pesa su di lui come un enorme parassita» (W. Benjamin, *Franz Kafka*, cit., p. 278).

sco non provoca più fascino: è soltanto una sventura di cui liberarsi.

«Non era un sogno», si affretta a precisare il narratore, mentre il primo capitolo si sviluppa con un gioco abilissimo di voci fuori campo, filtrate dalle porte e dai muri, mentre Gregor cerca disperatamente di alzarsi, spiegarsi, aprire la porta con la bocca (una scena di dolente comicità, come il suo dondolarsi giocoso per scendere dal letto). È l'unico personaggio ad apparire per la maggior parte delle pagine, e nell'ambito della finzione ci viene chiesto di credere che sia mutato *davvero* in un essere con le zampette. Zampette: ecco uno dei fulcri sottovalutati del racconto; arti che vanno ancora più veloci per il nervosismo causato dall'arrivo del procuratore, e che in un panorama statico si agitano mobilissime, quasi allegre, tant'è che quando Gregor morirà piatto e rinsecchito di esse non vi sarà più traccia. Anche per questo è sciocco chiedersi di cosa sia simbolo l'insetto: non è simbolo di alcunché.

Il termine usato da Kafka è *Ungeziefer*, e nella sua vaghezza comunica un chiaro senso deteriore: parassita, animale infestante (l'aggettivo è *ungeheuren*, ovvero enorme ma anche mostruoso). Kafka avrebbe potuto usare *Insekt*, tuttavia è una parola troppo neutra; nel racconto appaiono altre espressioni per indicare l'animale, fra cui *Tier* e *Mistkäfer*: quest'ultima indica propriamente lo stercorario, ma è la serva a usarla e possiamo supporre che non abbia conoscenze scientifiche. *Ungeziefer* comunque è la prima parola e resta a lungo l'unica.[171]

Le speculazioni sulla specie del parassita sono interessanti – l'entomologo Nabokov lo riteneva un maggiolino, i più una blatta o uno scarafaggio, Primo Levi uno scarabeo e così via[172] – ma a mio avviso poco utili, se non controproducenti. Kafka infatti non volle assolutamente un'immagine dell'insetto sulla copertina, ponendo fin da subito un veto alle rappresentazioni precise.[173] L'edizione di Kurt Wolff raffigura dunque un uomo che si ritrae terrorizzato da una porta semiaperta, e questo disegno offre due spunti.

In primo luogo, l'iconoclastia selettiva (le descrizioni sfocate delle sembianze) garantisce che l'insetto resti nell'ambito del vago e del perturbante:

[171] Cfr. R.H. Lawson, «*Ungeheures Ungeziefer* in Kafka's "Die Verwandlung», *The German Quarterly*, vol. 33, no. 3 (May, 1960), pp. 216-219.

[172] Vedi rispettivamente V. Nabokov, *Lezioni di letteratura*, cit., pp. 362-363 e P. Levi, *Gli scarabei*, in *L'altrui mestiere*, Einaudi, Torino 1985, p. 180.

[173] Così nella lettera inviata a Meyer il 25 ottobre 1915, riferendosi al disegnatore Ottomar Starke: «Siccome Starke fa illustrazioni concrete, mi è passato per la mente che voglia magari disegnare l'insetto. Questo no, per carità, questo no! Non vorrei limitare il campo della sua competenza, ma rivolgere solo una preghiera perché naturalmente io conosco meglio il racconto. L'insetto non può essere disegnato» (F. Kafka, *Lettere*, cit., p. 160).

ognuno è costretto a immaginarlo nella forma più consona alla propria paura. In secondo luogo, dalla presenza di un familiare in copertina intuiamo che la storia non riguarda solo l'animale-Gregor, ma anche e soprattutto chi vive con lui.[174]

Ecco l'aspetto nascosto del racconto: la capacità di Kafka nel rendere una famiglia alle prese con una sciagura inconcepibile; e di descrivere senza abbellimenti l'odio che può nascere verso chi amavamo, quando all'improvviso cambia e diventa un peso. Nella realtà è una persona completamente paralizzata o affetta da grave demenza senile, ad esempio; qualcuno che grava sulle nostre spalle, nonostante abbia provveduto per anni ai nostri bisogni, lavorando con dedizione, e che ora non può darci nulla in cambio. Nemmeno una parola: Gregor è prigioniero di un corpo mostruoso così come di un linguaggio sconosciuto – un pigolio – benché i suoi pensieri, nonostante alcune oscillazioni, restino saldamente umani. Egli parla, cerca di invocare la madre o l'amata sorella Grete, di chiarirsi con il procuratore, e però anche questo gli è negato: capisce gli altri, ma non può farsi capire. Un mio amico lesse *La metamorfosi* durante gli ultimi mesi di malattia del padre, e mi disse soltan-

[174] L'artista Otto Coester tentò comunque di rappresentare l'insetto nel 1929: il risultato è davvero spaventoso – si trova facilmente online – ma anche su di esso dovrebbe cadere il veto.

to: «Ci ho trovato la riduzione a niente di ciò che era quell'uomo».

E allora perché *La metamorfosi* non è un classico racconto realistico? Appunto qui sta la radicalità della mossa di Kafka: attraverso la trasformazione porta alle estreme conseguenze la dissezione dei rapporti lavorativi e affettivi – proprio come fa con i rapporti giuridici nel *Processo*.

«Non era un sogno»: la gratuità della disgrazia capitata realmente ricorda ancora una volta la malattia. *Perché io?*, si domanda chiunque affronti una diagnosi funesta. È una reazione normale: essere colpiti dal male fisico appare come una tremenda ingiustizia. Kafka la materializza nella sua forma più rivoltante, calandola in un contesto dove sono previsti cura e accudimento; e come può succedere, cura e accudimento si trasformano rapidamente in disgusto, fatica, noia: in una sola parola *schifo*. Fa schifo avere una cosa simile in casa. Fa schifo cercare di pulirne la stanza, fa schifo nutrirla con latte rancido e cibo guasto.

In effetti i Samsa non se ne occupano granché: forse sono terrorizzati se si sapesse in giro, tant'è che dopo aver pensato di chiamare un medico, una volta visto l'insetto non ci pensano più. I loro gesti si fanno progressivamente routinari; e privati delle risorse del figlio, che si dedicava per intero alla famiglia, sono costretti ad affittare una stanza a tre inquilini burberi e supponenti. Quando Gregor ascolta la sorella suonare il violino per loro, ritiene che l'emozione suscitata nel suo cuore confuti il fatto di essere diventato completamente una bestia (*Tier*): e davvero Gregor è ridotto agli occhi altrui allo stadio più basso, l'essere che non può esprimersi benché in realtà provi affetto e sappia ragionare; l'animale tutt'altro che nobile o di compagnia, anzi respinto per antonomasia: ma che ancora trova nell'arte un appiglio per restare umano, e addirittura – come viene detto di passaggio – il nutrimento che potrebbe saziarlo, visto che ormai non mangia più nulla.

Tuttavia questo cibo spirituale è inattingibile, così come quello affettivo: gli inquilini lo scoprono disgustati e gli altri, ormai esausti, lo abbandonano a se stesso.

Dell'uomo non c'è più traccia, resta solo l'esoscheletro claudicante e affannato dell'insetto. Nella traduzione si perde un'ulteriore finezza: Grete usa di colpo il neutro per indicarlo quando si tratta di sbarazzarsene: «Non voglio pronunciare davanti a questo mostro il nome di mio fratello, e perciò dico soltanto: dobbiamo cercare di liberarcene» – *es loszuwerden:* anche linguisticamente Gregor è confinato altrove. Poco prima e poco dopo il padre, proprio lui!, tenta ancora di aggrapparsi al maschile, *er*:

«Se lui ci capisse!». Ma *li capisce*, e assiste persino al terribile dialogo; sono loro che non si sforzano a comunicare. Così la sorella conclude che «deve sparire»: del resto, argomenta, se fosse davvero Gregor se ne sarebbe andato da solo.

In tale luce appare ancor più straziante il momento in cui il figlio si domanda «E ora?», dopo che Grete l'ha rinchiuso per l'ultima volta in camera, gridando «Finalmente!». E ora i giochi sono chiusi: persino nel fondo dell'umiliazione Gregor ripensa con amore alla famiglia, ormai convinto della necessità di andarsene, alleggerendo gli altri del suo peso. Per me è il momento più commovente di tutta la letteratura contemporanea.[175]

Da grandissimo artista qual è, Kafka mostra l'intera gamma di emozioni legate alla mutazione: la vergogna, i momenti di collera, la solitudine e la dolcezza di Gregor, così come la paura, l'attenzione iniziale e poi il disgusto degli altri nell'occuparsi di lui: fino al segno della croce che, quale tremendo gesto liberatorio, padre madre e figlia si fanno davanti al cadavere dell'insetto.

Ladislao Mittner ha sottolineato l'onnipresenza della «casa non-casa» in Kafka e la centralità del-

[175] Fa il paio con un gesto precedente di sollecitudine: Grete non riesce a sopportare nemmeno le parti del corpo di Gregor visibili sotto il divano dove si accuccia; e così lui impiega *quattro ore* per trasportare un lenzuolo in modo da esserne coperto.

la stanza chiusa – al riparo dalla famiglia, ma anche esiliante dal mondo, e soprattutto luogo di orrori: «prigione, camera di tortura, anticamera della morte o addirittura una cella, in cui ha luogo, senza testimoni, una bestiale esecuzione capitale».[176] Da questa cella Gregor avrebbe potuto evadere, sgattaiolare fuori in qualche modo o persino volare, se ha ragione Nabokov nell'attribuirgli ali: perduto per perduto, è quantomeno una possibilità. Ma non lo ha fatto per una ragione molto semplice, in fondo: perché quella è casa sua, perché è *a casa*. Quanto di più sicuro, sotto l'aura distruttrice di Kafka, si trasforma in quanto di più pericoloso.

«E ora?». Nella prima stesura Franz aveva scritto «Dove devo andare adesso?»: soltanto in seguito comprese che le strade erano già chiuse, Gregor non aveva più bisogno di porre la domanda, così si limitò a quelle due parole.[177]

Samsa è un commesso viaggiatore, ma è confinato in un appartamento. Da un lato è un sollievo, perché provvisoriamente libero dal lavoro che lo trascina in giro; dall'altro è un incubo, perché il prezzo della stasi è appunto il deturpamento. Tutta *La metamorfosi* si svolge in uno spazio ridottis-

[176] L. Mittner, *Kafka senza kafkismi*, in *La letteratura tedesca del Novecento. Con tre saggi su Goethe*, Einaudi, Torino 1995, p. 255.

[177] Cfr. F. Kafka, *Tutti i romanzi. Tutti i racconti e i testi pubblicati in vita*, cit., p. 2162.

simo – un capolavoro di bravura tecnica, fra l'altro – e sarà appena il caso di notare che la camera-tana di Gregor ha tre porte d'ingresso, attraverso le quali parlano padre madre e figlia all'inizio della vicenda. Fin da subito intuiamo un elemento cruciale: il nostro protagonista è circondato. Non ha scampo. Per due volte il padre ricaccia Gregor nella stanza: prima con un calcione, poi colpendolo con un lancio di mele (il classico miscuglio kafkiano di farsa e atrocità). Il figlio, tornato peraltro anche alle dimensioni di un bambino, è spedito dove deve stare – è stato rimesso a posto.

Ma c'è di più. Con la morte del protagonista tutto potrebbe e dovrebbe concludersi: invece Kafka insiste a raccontare ancora. Tale sopravvivenza della storia al suo protagonista mi sembra quasi più intollerabile della parabola di Gregor, spirato incolpevole e solo.[178] Solo verso la fine il racconto si apre improvvisamente all'esterno, tornando al più vivido realismo, e giunge così al peggio.

Si può pensare che tale peggio arrivi con la serva che getta via il cadavere («quella cosa»); o con il padre che invita moglie e figlia a dedicar-

[178] Nella sua copia annotata del libro Nabokov osserva che anche la madre e il padre cambiano nome, diventando «i coniugi Samsa», segno linguistico di effettivo trapasso: persino il loro appellativo ha rimosso il figlio dalla quotidianità (V. Nabokov, *Lezioni di letteratura*, cit., p. 390, nota 1).

si un po' a lui, smettendo di badare alle «vecchie questioni» – quasi Gregor fosse morto da decenni e non da poche ore. No, il peggio arriva con la scena finale, una delle più semplici e raggelanti che Kafka abbia mai scritto – Blanchot la considera «il colmo dell'orrido»[179] – e insieme un suggerimento per leggere il titolo del racconto sotto un'altra luce.

Dunque: dopo aver scritto tre lettere di giustificazione ai rispettivi capi (loro possono liberarsi dal lavoro, a differenza di Gregor!) i Samsa si concedono una gita fuori porta in tram per lasciarsi le sventure alle spalle, pensando a un futuro che dopotutto appare roseo e promettente. Quale catarsi, dopo i claustrofobici eventi del racconto: e in effetti la prima risoluzione, nient'affatto casuale, sarà di lasciare il vecchio appartamento – scelto in origine dal fratello. Infine i genitori contemplano la figlia rifiorita, ormai pronta per trovare marito: la sua personale metamorfosi, pagata con quella mostruosa del fratello. La metamorfosi di una famiglia infelice a modo proprio, che diventa infine – quasi con un rito sacrificale – felice come tutte le altre. Kafka da giovane apprezzava Darwin, e qui siamo alle prese con

[179] M. Blanchot, *Da Kafka a Kafka*, traduzioni di R. Ferrara, D. Grange Fiori, G. Patrizi, L. Prato Caruso, G. Urso, G. Zanobetti, Feltrinelli, Milano 1983, p. 56.

un'opera perfetta di selezione: la mutazione avviene su base casuale, e la natura elimina gli inadatti. Il racconto termina con Grete che stira il giovane corpo; sulla vita che trionfa splendida e crudele, dopo avere distrutto un innocente ed essersi nutrita di esso.

È un finale che grida vendetta: ogni volta che lo rileggo ho i brividi e mi sovviene la chiusa di *Un digiunatore*, dove una pantera viene a sostituire l'artista morto di fame nella sua gabbia, e la cui gioia di vivere «usciva con tanto ardore dalla gola che non era facile per gli spettatori resistere».[180]

Un'ultima chiosa. Nel suo *Insegnare al principe di Danimarca*, Carla Melazzini racconta un aneddoto meraviglioso. Un giorno lesse in una classe dei quartieri popolari di Napoli le prime righe della *Metamorfosi*, e chiese agli allievi chi fra i membri della famiglia «avrebbe accettato di prendersi cura del povero Gregor». I maschi risposero in coro: *La mamma!* «Perché? Ovvio: perché "pure 'o scarafone è bello a mamma soja"». Prosegue Melazzini: «Il giorno dopo ero in biblioteca, si affaccia Gianni, il più piccolo e brutto della classe, chie-

[180] F. Kafka, *Un digiunatore*, in *Tutti i romanzi. Tutti i racconti e i testi pubblicati in vita*, cit., p. 1831.

dendo timidamente: "Professorè, lo tenete qui il libro dello scarrafone?"».[181]

Quel libro e quel ragazzino si erano trovati, direi eletti: invece nel mondo di Kafka nessuno ha salvato Gregor – nemmeno la mamma. Eppure, eppure... L'11 giugno 1916 apparve sul «Prager Tagblatt», che Kafka leggeva quotidianamente, una breve storia intitolata *La contrometamorfosi di Gregor Samsa*. Qui il protagonista rivive grazie ad alcune gocce di rugiada in un cumulo di spazzatura fuori città, per poi tornare lentamente alle sembianze umane e trarre nuova linfa dalle sofferenze patite. «Padre!», si chiede amareggiato. «Come comparire al tuo cospetto senza vendicare su te i miei dolori e le mie pene? Senza maledirti?». Ma le ultime parole del testo, quando giunge l'alba e Gregor è tornato definitivamente umano, sono colme di speranza: «Comincia una nuova vita!».[182]

L'autore era Karl Brand, un ammiratore di Kafka. Secondo Urzidil si erano conosciuti, maga-

[181] C. Melazzini, *Insegnare al principe di Danimarca*, a cura di C. Moreno, con una nota di C. Giunta, Sellerio, Palermo 2023, p. 91. L'aneddoto è citato anche da Adriano Sofri nel suo bellissimo *Una variazione di Kafka*, Sellerio, Palermo 2018 – dove giustamente afferma che quello scolaro «saprebbe voler bene allo scarrafone, saprebbe farsi voler bene come lo scarrafone. Lui, piccolo e brutto, il passaggio dallo scarrafone alla mamma umana l'ha già fatto, dopo qualche frase letta ad alta voce» (p. 138).

[182] Citato in H. Binder, *La "contrometamorfosi di Gregor Samsa". Karl Brand e Franz Kafka*, cit., p. 100 e p. 87.

ri al Café Arco di Praga; nel 1921 Kafka ricevette un suo libro proprio da Urzidil, come testimonia uno scambio di lettere. In ogni caso nel 1916 al ventunenne Brand (il cui vero nome era Karl Müller) fu diagnosticata la tubercolosi – la stessa malattia che nel 1924 avrebbe ucciso Kafka.

Di più: Brand veniva da una famiglia impoverita, impossibilitata a sostenere le cure mediche; il morbo fu dunque fonte di sensi di colpa, ed è facile immaginare che abbia visto in Gregor, onere egli stesso per i suoi cari, una sorta di fratello letterario. A questo fratello dedicò un racconto di riscatto, che forse valeva anche per sé: la realtà avrebbe piegato entrambi – Karl Brand morì due anni dopo, sconosciuto e solo – ma nella finzione essi ottennero per un istante *una nuova vita*.

3. *Una vista sull'oceano:* Il fuochista

La prima cosa che l'immigrato Karl vede dal ponte della nave in arrivo a New York è una Statua della Libertà dotata di spada e non di torcia: difficile pensare a un errore, anche perché Kafka esaminò sicuramente fotografie del simbolo newyorkese in fase di documentazione; appare invece un presagio di futura violenza.

Il fuochista risale alla fine del 1912 come primo capitolo della seconda stesura del *Disperso*; il 6 ottobre Franz lo legge a Brod; l'anno dopo lo pubblica per la collana «Der jüngste Tag», che ospiterà anche *La metamorfosi* e la riedizione della *Condanna*. Molti anni dopo, obbedendo alla consueta auto-fustigazione, dirà a Milena Jesenská di trovarlo semplicemente «pessimo».[183]

La trama non comporta difficoltà: con una tipica inversione del processo punitivo, l'adolescente Karl Rossmann è stato allontanato in America dai genitori perché una domestica l'ha sedotto – sarebbe più corretto dire: l'ha violentato – e ha avuto un figlio da lui. Come riconoscerà verso la fine del racconto lo zio Jakob, la pena è del tutto sproporzionata rispetto alla colpa: nobili parole, se non fosse che lo stesso zio, nel prosieguo del *Disperso*, punirà terribilmente Karl. Figli (adottivi) e castighi, per l'appunto.

Dunque Karl sta per sbarcare a New York, ma un imprevisto lo trattiene: ha scordato l'ombrello nella plancia e corre a cercarlo. Come già sappiamo Kafka sfrutta questo fatterello banale per alterare immediatamente lo spazio attorno al protagonista: trovando chiuso un corridoio il ragazzo vaga per piccole stanze e brevi scale; l'interno della

[183] F. Kafka, *Lettere*, cit., p. 642.

nave si espande quasi per magia, benché non intervenga alcun fattore sovrannaturale. Alla fine Karl bussa a una porta e qui trova il fuochista del titolo, un uomo gigantesco e un po' burbero alle prese con un guaio lavorativo: il capo macchine rumeno, Schubal, lo tormenta ingiustamente.

Karl gli si affeziona subito: lo consiglia, lo accompagna alla stanza di comando, cerca in ogni modo di sostenerne la causa anche al costo di rendersi un po' ridicolo. Una lettura piattamente emotiva ha le sue ragioni: Karl è stato abbandonato dai genitori, ha lasciato la valigia a un conoscente (che l'avrà probabilmente rubata) e sta per sbarcare in un continente sconosciuto: è naturale che cerchi un amico in quell'uomo, rovesciando su di lui la sua naturale bontà d'animo. Ma c'è dell'altro.

Convinto dal ragazzo a far valere le sue ragioni contro Schubal, il fuochista si reca dunque nella sala del capitano, dove sono presenti altri personaggi fra cui un enigmatico uomo col bastone di bambù. Prima però assistiamo a una marina stupenda, pulsante di autentica letizia descrittiva: è il punto in cui Kafka libera per la prima volta, e in grandissimo stile, i suoi orizzonti:

> Oltre le tre finestre della stanza vide le onde del mare, e il loro lieto movimento gli fece battere il cuore, come se non avesse visto il mare ininterrottamente

per cinque lunghi giorni. Grandi navi incrociavano i loro percorsi, cedendo ai colpi delle onde solo per quel che consentiva il loro peso. Aguzzando gli occhi, sembrava che queste navi oscillassero solo in ragione del peso. Sugli alberi portavano bandiere sottili ma lunghe, mantenute tese dall'avanzare della nave, e che ciononostante sbattevano un po' qua e un po' là. Risuonavano colpi a salve, probabilmente da navi militari; una di queste, passando poco lontano, aveva cannoni che splendevano per i riflessi del loro mantello d'acciaio, come accarezzati dal procedere sicuro, liscio e tuttavia non orizzontale della nave. Le navi più piccole e i battelli erano, almeno dalla porta, visibili solo in lontananza, mentre scorrevano in gruppi entrando negli spazi fra le navi grandi. Ma dietro tutto ciò si ergeva New York, e osservava Karl con le centomila finestre dei suoi grattacieli. Si poteva ben dire che in questa stanza si sapeva in che luogo ci si trovasse.[184]

(E desta ancor più impressione pensare che nello stesso periodo Kafka si era dedicato a stanze di tutt'altro tenore: quella della *Metamorfosi*, quella della *Condanna*).

Dopo essersi ripreso dalla visione Karl parte subito con un'arringa in difesa del suo nuovo amico, il quale però non riesce a cogliere l'attimo e si esprime in maniera confusa; nell'irritazione addi-

[184] F. Kafka, *Il disperso*, cit., p. 51.

rittura litiga con il ragazzo, che pure continua a sorridergli. E proprio in quel momento il signore col bastone domanda a Karl il nome, mentre *nello stesso istante* qualcuno bussa alla porta: è Schubal. Kafka orchestra la scena con un'abilità ammirevole: mentre l'anonimo signore sta per rivelarsi come lo zio di Karl, giunge la fine per il fuochista: sovrapponendo le due tonalità emotive contrapposte il racconto assume una piega del tutto peculiare.

Il signor Jakob – un ricchissimo senatore – ha dunque ritrovato il nipote: ad avvertirlo del suo arrivo è stata la domestica che aveva sedotto Karl, tramite una lettera giunta due giorni prima dopo varie peripezie. Qui la sequela di coincidenze inizia a risultare esagerata, e nella mente del lettore si insinua il sospetto che l'andamento in apparenza dickensiano del racconto sia in realtà una crudele caricatura. A Karl peraltro tutto questo non interessa granché, sia perché la sua attenzione è ancora per il fuochista, sia perché il ricordo della violenza subita lo disgusta.[185] Particolare ancor più rilevante, al figlio di Karl è stato dato il nome Jakob in onore dello zio.

[185] La frase è trasparente: «a lui sembrò che lei diventasse come una parte di sé e forse proprio per questo lo colse un terribile bisogno di cercare aiuto» (ivi, p. 75). Dopo l'atto infatti era tornato a piangere nel letto. Ciò nonostante, con la sua naturale benevolenza, Karl è contento che la cuoca abbia avvisato lo zio: «un giorno avrebbe saputo ricompensarla» (ibidem).

Momento unico nell'opera di Kafka: il protagonista è un padre, eppure è stato scacciato dalla famiglia: non desiderando alcun contatto con il proprio bambino, frutto di un'aggressione, cerca dunque un altro padre per sé, che sostituisca l'abbandono inferto; e nel fuochista intravediamo il solo vero genitore dell'opera kafkiana perché *scelto liberamente*.

Purtroppo la possibilità resta latente: il fuochista è il primo a complimentarsi con Karl, ma intuisce subito che fra di loro si è alzato un muro sociale: il ragazzo domanda ancora cosa accadrà all'uomo, e lo zio replica severo che gli accadrà quel che merita: «forse si tratta di una questione di giustizia, ma allo stesso tempo è anche una questione di disciplina».[186] Una frase dove troviamo già tutta la filosofia del diritto che metterà in moto il *Processo*.

Il fuochista è abbattuto, le mani nelle tasche; con una rottura nella focalizzazione percepiamo i suoi pensieri, il rispetto con cui cerca di non guardare Karl – «ma purtroppo i suoi occhi non trovavano riposo altrove, in questa stanza piena di nemici»:[187] pudore, solitudine e oppressione spaziale in una frase così breve; impossibile fare di meglio.

[186] Ivi, p. 79.
[187] Ibidem.

Karl tenta per l'ultima volta di sollecitare l'amico prendendolo per mano e baciandolo, mentre lo zio lo trae via. In quel momento si sentono grandi rumori: sono i testimoni di Schubal, una quindicina di uomini chiassosi e poco interessati alla lite in sé (la ritengono più che altro uno scherzo). Il ragazzo, in lacrime, sale su una barca messa a disposizione dal capitano; e proprio allora scopre che si trovano sul lato delle finestre della sala – un delizioso colpo di scena visivo, in perfetta simmetria con la descrizione precedente: Karl tenta di scrutare ma le tre finestre sono occupate dai testimoni che salutano gentilmente (ecco perché Kafka ne ha messi così tanti!) e il fuochista davvero non sembra esserci più. Il racconto si chiude nella mestizia: Karl dubita che lo zio potrà mai sostituirlo, e «lo zio distolse lo sguardo fissandolo sulle onde che facevano oscillare la scialuppa».[188]

(Resta una domanda: dove sarà il piccolo Jakob? Cosa farà? Libero dalle catene del racconto incarna una speranza futura, innominabile, figlio com'è di un padre dolce e scomparso che non gli impone legge alcuna).

[188] Ivi, p. 85.

4. *«No!»*: La condanna

Kafka scrive *La condanna* in un'unica sessione notturna, tra il 22 e il 23 settembre 1912. Il resoconto offerto dai *Diari* permette di assistere a un evento eccezionale – la trasformazione di uno scrittore – ma ancora una volta è bene diffidare delle ricostruzioni schematiche: fissare questo racconto come pietra miliare, il momento in cui Kafka «diventa davvero se stesso», significa ridurre le opere precedenti a semplici tentativi giovanili, cosa che ovviamente non sono.

Ciò detto l'impressione di uno stacco è nettissima. Qui Kafka affronta per la prima volta i temi che lo appassioneranno di più e getta i semi di una parte essenziale della sua mitografia. Il brivido di liberazione è potente: si è spinto in un territorio nuovo:

> Sforzo spaventevole e gioia di veder svolgersi davanti a me la narrazione e di procedere navigando in un mare. Più volte portai questa notte il mio peso sulle spalle. Tutto si può osare, per tutti, per le più lontane trovate è pronto un gran fuoco nel quale muoiono e risorgono.[189]

[189] F. Kafka, *Confessioni e diari*, cit., p. 373. Il 24 settembre legge il racconto agli amici, da Oskar Baum: «Avevo le lagrime agli occhi. Conferma che il racconto era superiore a ogni dubbio» (ivi, p. 375).

La condanna inizia con calma e serenità, quasi fosse un brano di Rilke o Walser: durante una splendida giornata di sole il giovane Georg Bendemann ha appena finito di scrivere una lettera a un amico che si trova in Russia da tre anni e versa in condizioni non molto felici. Nel medesimo periodo a Georg è morta la madre, ma ha anche rilevato l'azienda paterna portandola al successo; inoltre si è fidanzato. Dopo aver tergiversato a lungo – non vuole umiliare l'amico dandogli quelle belle notizie – si è deciso: nella lettera racconta della sua amata Frieda Brandenfeld invitandolo alle nozze.

Da questo momento in avanti il racconto prende lentamente una tonalità diversa, che Kafka amministra con maestria. Georg entra senza motivo nella camera del padre, in cui non si recava addirittura da mesi: è una stanza stranamente buia nonostante la bella giornata, e il padre – ancora un gigante, nota sorpreso Georg: indizio in apparenza innocuo, in realtà il primo campanello d'allarme – il padre, dicevo, lo riceve mettendo in dubbio l'esistenza dell'amico di Pietroburgo. Demenza senile? Può darsi; ma c'è qualcosa di strano anche nel modo in cui la domanda viene posta, dopo i primi convenevoli e la triste ammissione che la morte della moglie l'ha colpito duramente. «A questo punto il terreno della narrazione è già sprofondato sotto i piedi del lettore. Ma non del narratore, che prosegue imperturbabile».[190]

In effetti Georg tratta il padre di conseguenza, cercando di riportarlo alla ragione: gli spiega che ha già conosciuto l'amico, e insieme hanno parlato della rivoluzione russa; poi con qualche imbarazzo gli toglie la biancheria sporca rimproverandosi di averlo trascurato. Infine cerca di metterlo a letto, ma – dettaglio tenero e inquietante al contempo, tant'è che provoca in Georg un moto di spavento – il vecchio giocherella con la catena del suo orologio, vi si aggrappa quasi, complicando l'operazione. Alla fine però Georg riesce a disporlo fra le lenzuola; si sente un uomo felice, soddisfatto e buono che d'ora in avanti si prodigherà in cure verso il genitore.

E qui Kafka fa una cosa incredibile, uno dei più tremendi capovolgimenti della storia della letteratura. Non abbiamo il minimo sentore di quanto sta per accadere, anche grazie alla focalizzazione ridotta: vediamo la scena con gli occhi di Georg e davanti a noi c'è soltanto un povero vecchio inerme, intento a sincerarsi due volte di essere ben coperto. Ma al figlio che lo tranquillizza replica con un «No!» devastante, tanto forte che «la risposta si scontrò con la domanda».[191]

[190] R. Calasso, *K.*, cit., p. 161.
[191] F. Kafka, *La condanna*, cit., p. 1493.

D'ora in avanti i ruoli si ribaltano: il padre si alza sul letto, altissimo e invincibile, e comincia a rampognare con ferocia il figlio: «Tu volevi coprirmi, lo so, caro il mio buono a nulla, ma coperto non lo sono ancora». Gesti e corpi sono molto più importanti delle coscienze o dei cascami biografici: di fatto, nel padre avviene una vera e propria *metamorfosi*: da moribondo torna in vita, mima orribilmente la fidanzata che alza le sottane – «quell'oca ripugnante» – mentre «stava là in piedi, perfettamente libero, agitando le gambe. Era raggiante di conoscenza».[192]

Il controllo che Georg tempo addietro si era imposto di esercitare sulla propria vita, per difendere la felicità ottenuta – «aveva deciso di osservare tutto con la massima precisione perché non lo si potesse sorprendere in qualche modo per vie traverse»[193] – si rivela vano. Scopriamo addirittura che l'amico di Pietroburgo scriveva al padre stesso, che da tempo si è atteggiato a suo unico difen-

[192] Ivi, p. 1495. Nel *Maestro del villaggio* abbiamo un'altra variazione sul tema: «Gli anziani hanno per lo più di fronte ai più giovani qualcosa di ingannevole, di bugiardo nella loro natura; si vive tranquilli accanto a loro [...], quando avviene qualcosa di decisivo e della pace preparata da tanto tempo dovrebbero vedersi gli effetti, questi vecchi si sollevano come estranei, hanno opinioni più profonde e più forti, soltanto ora sventolano, per così dire, la loro bandiera sulla quale leggiamo con orrore la nuova sentenza» (F. Kafka, *Tutti i racconti. Volume secondo*, cit., p. 67).

[193] F. Kafka, *La condanna*, cit., p. 1495.

sore. Insomma era tutta una farsa, anzi una commedia, unica consolazione mentre il figlio «se ne andava per il mondo in trionfo, concludeva gli affari che io avevo iniziato [...]. Ti credi che non ti abbia amato, io che ti ho messo al mondo?».[194]

Non solo è proibito essere più felici e potenti del proprio padre; occorre anche restituirgli tutto l'amore possibile, tutto quello che egli ha donato – la gratuità del dare inizio a un essere. Nella sua violenza il vecchio Bendemann è pervaso da un'ombra di tristezza e delusione, constatando fino a che punto il figlio, ai suoi occhi, lo abbia tradito: benché non sia affatto evidente dove stia questo tradimento, a quale logica corrisponda l'accusa.

Quanto a Georg, spera solo che il padre cada in avanti e si sfracelli. Ma lui esclama significativamente di essere ancora il più forte; anzi, spazzerà via la sua fidanzata e rivela addirittura di aver già scritto all'amico delle nozze: fino a tal punto si spinge la sua preveggenza, l'astuzia così a lungo celata.

Ora comprendiamo un aspetto cruciale del racconto: la folle estensione del dominio tributato alla parola. Prima si era discusso; eravamo ancora nel regno di Brontë o Čechov. Dal *Nein!* in poi le frasi si trasformano invece in un flusso di energia talmente

[194] Ivi, pp. 1495-1497.

violento che Georg – dopo aver tentato una debole difesa – viene sommerso dalla condanna del titolo: «È vero che eri un bambino innocente, ma ancor più vero è che sei stato un uomo diabolico! – E perciò sappi: io ti condanno a morte per annegamento!».[195] Da me hai preso inizio, da me subirai la fine.

Lo scarto con la tradizione letteraria non potrebbe essere più netto. In un racconto classico il protagonista sarebbe scappato, avrebbe forse pianto per il rammarico di aver tradito il padre o lo avrebbe affrontato. Avrebbe vinto o ne sarebbe uscito sconfitto, ma di certo non avrebbe portato a compimento il comando della frase, come se *essa sola* bastasse a rendere materiale colpa e pena – un'immensa forza impersonale, paragonabile a una maledizione fiabesca.

Così Georg si sente cacciato fuori: compie ogni gesto in autonomia, eppure la coercizione è tanto palpabile quanto invisibile. La sequenza conclusiva dei movimenti dà il capogiro; in musica lo si definirebbe un *rubato*, perché il tempo d'esecuzione aumenta leggermente rispetto al normale, e l'accelerazione conferisce un'ombra di amara comicità alla scena:

Georg si sentì cacciato fuori dalla stanza, uscendo aveva ancora nelle orecchie il tonfo con cui il padre die-

[195] Ivi, p. 1499.

tro di lui ripiombava sul letto. Per le scale, dove correva sui gradini come su un piano inclinato, si imbatté nella sua domestica che stava salendo per rigovernare la casa dopo la notte. «Gesù!» esclamò lei coprendosi il volto col grembiule, ma lui se n'era già andato. Balzò fuori del portone, era spinto oltre la carreggiata, verso l'acqua. Già stringeva il parapetto come un affamato il suo cibo. Lo superò con un salto, da quel ginnasta eccellente che era stato in gioventù per l'orgoglio dei suoi genitori. Con le mani che diventavano sempre più deboli si teneva ancora al parapetto, intravide fra le sbarre un omnibus che avrebbe facilmente coperto il rumore della sua caduta, esclamò piano: «Cari genitori, vi ho sempre amati», e si lasciò cadere.

In quel momento sul ponte scorreva un traffico senza fine.[196]

L'ultimo pensiero di Georg Bendemann, proprio come accade a Gregor Samsa, è un paradossale atto d'amore verso chi lo condanna.

Nell'originale in realtà grida *Ich habe euch doch immer geliebt*, e quel *doch* crea non pochi problemi. Una traduzione più piana sarebbe: «Cari genitori, eppure vi ho sempre amato»: ma a cosa si riferisce l'avversativa? È carica di rimpianto o di vergogna? Ancora una volta siamo lasciati nel mistero. Con un salto Georg si riconsegna al

[196] Ibidem.

padre e alla madre, cadavere maneggevole, prono alla loro legge, non più ribelle; l'agilità con cui si lancia ha qualcosa di esuberante, un'oscena vertigine di libertà: «Quando il parapetto è valicato, è valicato con lo slancio dell'infanzia vagabonda».[197]

E intanto, anche qui come nella *Metamorfosi*, la vita continua ignara della tragedia, nessuno si accorge di nulla, sul ponte il traffico va e viene.

È davvero difficile venire a capo di un simile racconto; a più di cento anni di distanza conserva tutta la sua forza perturbante. Conviene certo ricordare che la parola *Urteil*, condanna o giudizio, affonda le sue radici nel campo dell'ordalia: il verdetto attraverso una prova violenta, talora caratterizzata dall'immersione, magari legati, in un fiume.[198] La sopravvivenza alle acque testimonierebbe l'innocenza dell'imputato; e d'altro canto nel racconto non ci viene detto se Georg muore oppure no – quindi un frammento di speranza sussiste anche dopo la fine.

Kafka stesso ha offerto un suggerimento interpretativo nei *Diari*, dopo aver corretto le bozze:

[197] G. Bataille, *La letteratura e il male*, traduzione di A. Zanzotto, Mondadori, Milano 1991, p. 150.

[198] Vedi ad esempio R. Bartlett, *Trial by Fire and Water. The Medieval Judicial Ordeal*, Clarendon Press, Oxford 1986.

L'amico è il collegamento fra padre e figlio, è la loro massima comunione. Seduto in solitudine accanto alla sua finestra, Georg fruga con voluttà in questa comunione, crede di avere il padre dentro di sé e considera pacifica ogni cosa tranne una fugace malinconica pensosità. Ora lo sviluppo del racconto mostra come dalla comunione, dall'amico sorga il padre e si metta di fronte a Georg come antitesi, rafforzata da altre, minori cose comuni, cioè dall'amore, dall'attaccamento della madre, dal fedele ricordo di lei e della clientela che in origine il padre ha acquistato per l'azienda. Georg non possiede niente: la sposa che nel racconto vive soltanto per il rapporto con l'amico, vale a dire con ciò che è comune, e che non essendoci state ancora le nozze non può entrare nel circolo sanguigno che chiude padre e figlio, è facilmente scacciata dal padre.[199]

Georg non possiede niente. Senza un rito che sigilli il legame, persino il fidanzamento non vale nulla perché è escluso dal «circolo sanguigno»: un attimo prima eravamo in un appartamento borghese e un attimo dopo, con tipico spaesamento kafkiano, siamo tornati a legami di ordine tribale.

Ciò che spinge Georg verso il fiume è dunque la scoperta improvvisa di quanto precari siano i suoi averi materiali e sentimentali: tutte le cose sono in realtà «esposte a rivoluzioni russe» e ora che il

[199] F. Kafka, *Confessioni e diari*, cit., p. 376.

padre ha irrevocabilmente rescisso il suo legame non ha davvero più nulla: tanto vale dunque obbedire alla condanna.

Due anni dopo, nel pieno della stesura del *Processo*, Kafka annoterà: «I genitori che si aspettano gratitudine dai figli (c'è persino chi la pretende) sono come usurai: rischiano volentieri il capitale pur di incassare gli interessi».[200] E direi che non c'è commento migliore alla *Condanna*.

5. *La Legge rivelata:* Nella colonia penale

Quando Kafka fu invitato con Brod alla Galerie Neue Kunst di Hans Goltz a Monaco, decise di leggere un nuovo racconto: *Nella colonia penale*. Per evitare guai con la censura di guerra, Goltz intitolò il reading *Fantasia tropicale* (!): le reazioni furono comunque estremamente critiche, perfino indignate.

In effetti *Nella colonia penale* è uno dei testi più estremi di Kafka. Anche la sua storia editoriale è complessa: Franz lo conclude alla fine del 1914 – il 2 dicembre lo legge da Werfel «non del tutto malcontento»[201] – e lo propone a Wolff, come già sap-

[200] Ivi, p. 504.
[201] Ivi, p. 507.

piamo, nel contesto di una piccola raccolta. Niente da fare. Nel 1917 Wolff spera di pubblicare il racconto in contemporanea al nuovo libro, *Un medico di campagna*; Kafka replica che alcune pagine sono «buttate giù malamente», c'è un difetto nel testo, e insomma lo prega di non pubblicarlo promettendogli lavori migliori.[202] Passa un altro anno e infine Wolff riesce a convincerlo, così *Nella colonia penale* esce nel maggio 1919.

Per la sua ambientazione e per la trama il racconto si presta particolarmente a considerazioni extraletterarie, studi coloniali e letture politiche.[203] Sono temi stimolanti – del resto all'epoca dilagava da tempo la propaganda imperialistica, e l'ambientazione del racconto ricorda molto più una colonia che un bagno penale – ma, fedele al mio approccio, vorrei ragionare innanzitutto da scrittore: parlare di Kafka più che di Foucault.

Il testo si apre con una scena che si allarga a soffietto: il primo sostantivo presente è «macchina», *Apparat*, lo strumento giudiziario del racconto; poi

[202] F. Kafka, *Lettere*, cit., pp. 188-189.

[203] Su questo tema vedi ad esempio P. Peters, «Witness to the Execution: Kafka and Colonialism», *Monatshefte*, vol. 93, no. 4, 2001, pp. 401-425, J. Zilcosky, *Kafka's Travels. Exoticism, Colonialism, and the Traffic of Writing*, Palgrave MacMillan, New York 2003, pp. 103-121, M. Kohn, «Kafka's Critique of Colonialism», *Theory & Event*, vol. 8, issue 3, 2005, e J. Frydman, «Kafka, the Caribbean, and the Holocaust», *Interventions*, 2019, pp. 1087-1106.

in successione ci sono l'ufficiale, l'esploratore cui si rivolge, il fatto per cui sono lì – l'esecuzione di un condannato tramite appunto la macchina – e infine il paesaggio vuoto: una piccola valle sabbiosa senza nessun altro tranne un soldato di guardia.

La parola *Apparat* è ripetuta parecchie volte: le prime diciannove occorrenze su ventisette compaiono nelle prime quattro pagine; da poco più di un terzo in avanti, invece, viene sostituita da *Maschine* (che compare altre venticinque volte). Una simile densità lascia supporre che l'apparecchio sia il vero protagonista del racconto, e non a torto. Come si premura di spiegare l'ufficiale, è stato inventato dal vecchio comandante (fautore di una legge colonica fissa e immutabile) ed è composto da tre elementi: un letto dove si stende il condannato, un disegnatore che elabora alcune figure, e un erpice che le traccia sul corpo con gli aghi.

Nel frattempo il condannato e il soldato non capiscono nulla, perché l'ufficiale parla francese: l'esclusione linguistica dei due consentirà a Kafka di giocare con la sua specialità, ovvero il corpo e i gesti; e nel contempo getta un'ombra inquietante sulla faccenda, perché al condannato è riservata una doppia umiliazione. Siamo all'opposto simmetrico di Gregor Samsa: lui capiva e non poteva parlare; qui invece il condannato parla nella sua lingua ma non capisce; entrambi, pur in forme molto diverse, sono bestializzati.

Lo scopo della macchina è semplicissimo: «La regola trasgredita viene scritta con l'erpice sul corpo del condannato»[204] – nel caso specifico, *Onora il tuo superiore!* Su questo si basa l'intera procedura, che il nuovo comandante della colonia sta cercando di relegare per sempre nel passato sulla base di riforme vagamente umanitaristiche.

In effetti il sistema è mostruoso. Interrogato dall'esploratore, l'ufficiale ammette che il condannato non conosce ciò che lo attende, anzi non sa nemmeno di essere condannato e dunque non ha avuto modo di difendersi. (Tant'è che gironzola curioso attorno all'apparecchio, e il suo comportamento – sembra quasi che fiuti il vetro – ricorda proprio qualcosa di animalesco, con la consueta sovrapposizione di grottesco e crudeltà).

L'assenza di procedure penali non deve stupire, sia perché il principio in base al quale l'ufficiale decide è uno solo («la colpa è sempre indubbia»), sia perché tutto verrà chiarito dalla punizione stessa: l'erpice disegna ghirigori entro i quali è celato il comandamento, e la lentezza dell'esecuzione prevede che la morte sopraggiunga in dodici ore, mentre «il punto di svolta è calcolato per la sesta ora».[205]

[204] F. Kafka, *Nella colonia penale*, in *Tutti i romanzi. Tutti i racconti e i testi pubblicati in vita*, cit., p. 1643.
[205] Ivi, p. 1649.

Noto di passaggio che il tono dell'ufficiale è sussiegoso, rigido e dettagliato proprio come ci si aspetterebbe da una figura simile; puntualizza di continuo – ad esempio quando descrive con precisione la complessa fattura della macchina – e insieme si vanta di quanto sia semplice di contrasto l'intero procedimento. La colpa è indubbia, perché indubbio è il castigo: ecco la norma che regola questi racconti e naturalmente anche *Il processo*; e, bisogna ammetterlo, è di una semplicità diabolica.

Dunque la norma trasgredita è scritta unicamente sul ventre, mentre le linee del disegno creano oscene decorazioni sul resto del corpo. Difficile immaginare uno spettacolo più atroce e perversamente dilatato nel tempo: ma cos'è la «svolta» cui si accennava?

Kafka non lo dice subito. Con sicuro istinto narrativo lascia che l'ufficiale metta in moto la macchina, che manda un rumoraccio: lo sentiamo dunque urlare con eccitazione la descrizione di quanto accadrà, spiegando che all'inizio il condannato soffre soltanto, ma

come diventa silenzioso l'uomo intorno alla sesta ora! Anche il più stupido raggiunge la comprensione. È una cosa che comincia dagli occhi. Da lì si diffonde a tutto il resto. È uno spettacolo che potrebbe adescare qualcuno a mettersi anche lui sotto l'erpice. Non succede nient'altro, semplicemente l'uomo comincia a decifrare la scrittura, appuntisce le labbra come se fosse in ascolto. Come ha visto, non è facile decifrare la scrittura con gli occhi; ma il nostro uomo la decifra con le proprie ferite.[206]

La trasfigurazione ricorda la bellezza degli imputati nel *Processo*, causata non dalla colpa come la intenderemmo nel normale lessico giudiziario ma dal procedimento stesso, che punendo stabilisce retroattivamente la presenza di un dolo. Se leggiamo i testi uno accanto all'altro, forse la condizione di splendore del condannato è il destino che attende anche gli imputati del *Processo* in cui balugina già un mutamento estetico.

E con ciò il racconto ci trascina all'improvviso nei pensieri dell'esploratore. Egli si pone il problema del relativismo etico, quasi da antropologo dilettante: ha già provato disagio nei confronti di questa pratica, che pure appartiene a un ordine militare, e non vuole condannare l'esecuzione perché teme di essere liquidato da straniero qual è. Ma l'ingiustizia appare a lui (e a noi) assolutamente indubbia: che fare?

[206] Ivi, p. 1651.

Siamo al punto di massima tensione. L'esploratore veste i panni dell'umanista europeo, e il tentativo dell'ufficiale di convincerlo della bontà del sistema non è ingenuo. Domanda uno sforzo di umiltà che pone moralmente in imbarazzo. Come ritiene il nuovo comandante, convinto della necessità di una riforma, non sembra ci sia molto da aggiungere: la procedura è farsesca, orribile; ma se alla sesta ora il condannato comprende davvero la condanna e si fonde beatamente con la regola infranta: se infine la regola acquista un senso decifrabile e si realizza una forma di giustizia peculiare, offrendo addirittura una redenzione – bene, tutto questo ci mette seriamente alla prova. In nessun altro momento dell'opera di Kafka la Legge si manifesta in modo così aperto, e di ciò si deve pur rendere conto.[207] Possibile che un orrore del genere porti alla verità e persino alla beatitudine? La riforma voluta dal nuovo comandante priverebbe i condannati, nell'ottica del vecchio soldato, della loro ultima speranza: più umanitaria nei mezzi, è disumana nei fini – il contrario dell'*Apparat*.

Inoltre l'ufficiale non è un ottuso esecutore, e argomenta a sua volta in favore del relativismo: sa che l'esploratore (con le sue «convinzioni europee»)

[207] Su ciò insiste E. Schonfeld, «*H'arut*: A Jewish Reading of Kafka's *In the Penal Colony*», *Naharaim*, vol. 15, issue 1, 2021, pp. 89-114.

probabilmente sarà di parere contrario, ma ciò non intacca la tradizione della colonia: anche se dicesse che in Europa è diverso, o che la tortura è un relitto del Medioevo, la procedura ne uscirebbe salva. Siamo dalle parti di un pericolosissimo giustificazionismo, tuttavia *Nella colonia penale* ci chiede di accettare la realtà di forme di giustizia per noi aberranti; soprattutto perché l'ufficiale non solo è convinto di operare bene, ma ne fornisce anche delle prove.

Ai bei tempi andati la valle infatti si riempiva di gente già un giorno prima del supplizio, e addirittura i bambini erano posti in prima fila per scrutare «l'espressione trasfigurata» sul volto del condannato – il modo in cui assorbiva, per così dire, la giustizia. Giustizia che qui sembra coincidere con una sorta di pubblica resa e cancellazione delle colpe, che il nuovo comandante vorrebbe incautamente rimuovere. È tutta un'orribile illusione, come potevano esserlo i roghi delle streghe intesi come rimozione del male nel mondo? O la redenzione giunge davvero? Impossibile rispondere.

Posto di fronte alla richiesta di aiutare l'ufficiale a mantenere la procedura, alla fine l'esploratore dice di no – e noi tiriamo un sospiro di sollievo. Quanto accade subito dopo è il tipico colpo di scena kafkiano, una repentina esagerazione del peso degli eventi e delle conseguenze di una scelta. Il comandante non si limita a rassegnarsi; libera il condannato, mostra un foglio che reca scritto *Sii giusto* – così almeno dice, perché l'esploratore non riesce a leggere – e quindi traffica con l'apparecchio.

Intanto il condannato e il soldato si producono in una scenetta comica che fa da meraviglioso contraltare alla gravità del momento: gli abiti gettati nella fossa sono tagliati in due e loro ridono pur litigando un poco. (Kafka ricorderà questa dinamica quando dovrà tratteggiare gli aiutanti di K. nel *Castello*).

L'ufficiale si stende sul letto e il condannato sembra capire: «Questa era dunque la vendetta. Senza avere sofferto fino in fondo, fino in fondo sarebbe stato vendicato. Una risata larga e silenziosa apparve sulla sua faccia, e non scomparve più».[208] Di nuovo marcia indietro, dal comico al serissimo in poche righe: e se c'è felicità possibile nei racconti di Kafka, è questa felicità cattiva e un po' volgare fatta di liberazione imprevista e riscatto sul tormentatore. Il paradosso è che secondo la visione dell'ufficiale, confermata dal narratore, una simile gioia è relativa unicamente alla vendetta, *non* alla giustizia: che poteva attingersi solo attraverso il supplizio.

[208] F. Kafka, *Nella colonia penale*, cit., p. 1673.

Mentre la macchina procede si distrugge; dal disegnatore escono rotelle che il condannato cerca di acchiappare invano, sempre simile a un animaletto incuriosito. L'ufficiale muore perforato troppo rapidamente dagli aghi, e il suo viso è

> tale e quale com'era stato in vita; della promessa redenzione, nessuna traccia; ciò che tutti gli altri avevano trovato nella macchina, lui non lo aveva trovato; le labbra erano saldamente serrate, gli occhi erano aperti, avevano l'espressione della vita, lo sguardo era calmo e convinto, attraverso la fronte passava la punta del grosso puntale d'acciaio.[209]

Così resta vittima della mancata esecuzione della sua macchina, che vantava essere perfetta. La giustizia, è il caso di dirlo, si è inceppata: con piena coerenza, egli ha voluto punirsi per non poter più seguire il comandamento primo, dalla concisione mosaica – *Sii giusto!* –, e dunque si condanna al castigo. Ma non ottiene redenzione, anche perché l'imperativo è spogliato di qualsiasi contenuto, è uno storpiamento del formalismo kantiano. Forse persino quest'uomo tremendo, in un momento tanto tragico, merita un poco di compassione.

[209] Ivi, p. 1677.

Ma come nella *Metamorfosi* – e ciò illumina la volontà di Kafka di unire i testi in una raccolta – c'è dell'altro: e la chiusa della *Colonia penale* è decisamente ambigua. L'esploratore si reca nella casa da tè del posto con soldato e condannato, che lo seguono d'istinto: entrando avverte «la forza dei tempi andati» e chiede di vedere la tomba del vecchio comandante, che l'ufficiale cercò più volte di disseppellire. Un'iscrizione a piccole lettere recita la profezia per cui un giorno il comandante risorgerà. L'energia emanata dall'antico modello non si è affatto dispersa con la morte, benché gli avventori ignari sorridano con commiserazione.

In ogni caso l'esploratore non commenta e se ne va al porto. Condannato e soldato lo seguono, probabilmente per cercare di convincerlo a prenderli con sé, ma lui è già sulla barca e alza da terra la gomena, minacciandoli e impedendogli di saltare. Una scenetta ridicola, che sembra disperdere l'enfasi profetica accumulata nella pagina precedente: che il comandante risorga o meno, che la vecchia legge si imponga nuovamente o meno, sono affari di chi resta sull'isola: per l'esploratore (e per noi) adesso si tratta di tornare a casa, nel regno dei solidi valori messi alla prova da questa storia terrificante.

Infine, è impossibile non osservare che la punizione avviene in forma *scritta*, per quanto perversa: molti interpreti vi vedono un'immagine dell'arte stessa di Kafka e il suo connotato tormentoso – due forme diverse di tortura. Comunque la si pensi nei *Diari* c'è un passo che suona da commento involontario alla *Colonia penale*: Kafka annota un sogno in cui è complice di un delitto, e dove «il castigo, la soluzione, la redenzione vengono da lontano, si avvicinano sempre più», fino a uno spasmo di gioia, una *unio mystica* con la pena:

> La felicità consisteva nella punizione alla quale io, libero, convinto e felice, davo il benvenuto: uno spettacolo che doveva commuovere gli Dei. E anche questa commozione degli Dei, la sentivo fino a piangerne.[210]

[210] F. Kafka, *Confessioni e diari*, cit., pp. 599-600.

Karl, Josef, K. I tre romanzi

1. *Somiglianze e discontinuità*

Quando si affrontano i tre romanzi incompiuti di Kafka è facile cadere in una semplificazione istintiva: prenderli in blocco e in progressione cronologica, quasi che i protagonisti si rivelassero aspetti diversi di un unico personaggio o, come ha scritto ad esempio Marthe Robert, di una *funzione K.*

Certo non mancano appigli per questa lettura, il più evidente dei quali è la «malattia del nome» che si aggrava dal *Disperso* al *Castello*, da Karl Rossmann al mero K.[211] Di converso, possiamo anche rilevare un approfondirsi della coscienza ribelle dei tre protagonisti, quasi un commento alle tre epoche della vita: l'adolescente Karl è più ingenuo; il trentenne Josef K. più arrogante e determinato; K. – di cui non conosciamo l'età ma possiamo supporla un poco più

[211] Cfr. M. Robert, *Solo come Kafka*, cit., p. 8. Vedi anche Deleuze e Guattari: «K non sarà un soggetto ma *una funzione generale che prolifera su se stessa* e che non cessa di segmentarsi e di filare su tutti i segmenti» (G. Deleuze-F. Guattari, *Kafka. Per una letteratura minore*, cit., p. 147).

avanzata – raggiunge il culmine dell'astuzia e dell'intelligenza, che pure si riveleranno armi spuntate.

Inoltre alcuni temi ricorrono in ogni libro, in primo luogo la lotta sfiancante contro un'autorità impenetrabile, ma anche l'invadenza dello sguardo e delle membra altrui (Karl Rossmann è palpato e maltrattato di continuo; Josef K. scopre con grande irritazione di essere fissato da tre dirimpettai; K. è sempre tenuto d'occhio) o il ripetersi di coppie moleste (Delamarche e Robinson, i due esecutori di Josef K., i due aiutanti di K.).

Infine, tutti e tre i protagonisti sono irrimediabilmente soli di fronte a un cosmo ostile. La loro individualità, per quanto elusiva, si scontra con una varietà di personaggi che formano un gruppo impenetrabile fondato sull'odio: come ha scritto Doležel, in Kafka non esiste una comunità di vittime;[212] esiste però quella dei carnefici.

Ma concentrandosi troppo sulle somiglianze si perdono le specificità stilistiche e narrative di ogni singolo romanzo; così come prendendo alla lettera la «funzione K» si perdono di vista le differenze, più marcate di quel che sembra a prima vista.[213] Anche

[212] L. Doležel, «Kafka's Fictional World», cit., p. 81.

[213] Del resto quando Brod pubblicò per la prima volta i libri seguì un ordine diverso rispetto alla loro stesura; al *Processo* (1925) seguì *Il castello* (1926) e solo alla fine *America* (1927), consegnando ai posteri un'altra illusoria progressione, stavolta terminante in chiave utopica. Infine nei *Quaderni in ottavo* c'è un abbozzo il cui protagonista K. è «un grande prestigiatore». Come per il «vero Kafka», cercando bene si trova quel che non si vuole.

in questo caso, dunque, è opportuno concentrarsi sulla pagina viva e tenere distinti i piani. Con un'ovvia avvertenza: una trattazione completa dei romanzi richiederebbe tre volumi a parte; mi soffermerò dunque su due soli argomenti o scene per libro.

2. *Il primo tribunale. Sul* Disperso *(I)*

Kafka lavorò a una prima stesura del *Disperso* fra il 1911 e il 1912; dopo averla distrutta ne approntò una seconda tra la fine del 1912 e il 1913, per poi abbandonarla definitivamente l'anno successivo. Come sappiamo ne estrasse in vita il capitolo iniziale pubblicandolo in forma indipendente come frammento, *Il fuochista*: l'azione nel romanzo riprende proprio a casa dello zio di Karl Rossmann.

Rispetto ai mondi chiusi del *Processo* e del *Castello* (città e villaggio) – per non parlare della *Metamorfosi* o di altri racconti – *Il disperso* ha un'apertura completamente diversa, e nonostante le durezze permane in esso un elemento di speranza sia spaziale (la vastissima America, dove c'è sempre margine di fuga) sia temporale (Karl ha soltanto sedici anni).[214] Da

[214] In un momento difficile si conforta proprio così: «Chiudendo gli occhi gli venne il pensiero tranquillizzante che in fondo era ancora giovane e che alla fine Delamarche avrebbe pur dovuto lasciarlo andare» (F. Kafka, *Il disperso*, cit., p. 391). Una precisazione: all'inizio del romanzo Karl ha

ciò la sensazione di freschezza che vi si respira, l'apertura dei frequenti brani descrittivi urbani e suburbani. Circola un'altra aria, insomma; la gioia della narrazione, in particolare nei primi due capitoli, è palese; e tanto più doloroso è l'infrangersi della fiducia iniziale.

La prima grande delusione avviene quando Karl, in visita serale alla villa di Pollunder, si vede recapitata dal malvagio Green la lettera dove lo zio lo disconosce e lo abbandona. Poco dopo conosce Robinson e Delamarche, due lavoratori in cattive condizioni con cui si accompagna per cercare un impiego ma che lo ingannano e lo derubano lungo la strada per Butterford. Qui però un altro grande colpo di fortuna lo fa assumere come ragazzo dell'ascensore presso l'immenso Hotel Occidental, dove si era recato a prendere del cibo per sé e i compagni.

Il lavoro è massacrante, con turni di dieci o dodici ore, ma Karl lo svolge con diligenza: le sue qualità innate di flessibilità e impegno, particolarmente apprezzate nella società americana, lo rendono nel giro di poche settimane uno degli impiegati migliori dell'albergo. Inoltre occupa le ore libere in dormitorio per leggere un manuale di cor-

diciassette anni, ma nel quinto capitolo ne sta per compiere sedici; Kafka se ne accorse al momento di pubblicare *Il fuochista*, che infatti comincia descrivendolo sedicenne.

rispondenza commerciale o riposarsi, invece di giocare con gli altri ragazzi, così come presso lo zio si era distinto quale studente modello.

Questa introiezione del sistema non ha nulla di strano, e avviene progressivamente. Karl è sempre molto premuroso e gentile con gli altri, ma capisce subito che senza una durissima gavetta non se la caverà mai in America. Sopporta le difficoltà grazie all'idea che il sistema resti fondamentalmente giusto, basato su una corretta retribuzione dei meriti: il suo errore, «come del resto di quasi tutti i protagonisti kafkiani, consiste nel credere che il potere abbia un *senso*».[215]

Due esempi. Il primo: durante la cattività presso la gigantesca cantante Brunelda, cui è stato introdotto a forza da Delamarche con lo scopo di renderlo suo servo, Karl parla brevemente con un vicino di casa studente e lavoratore: nonostante il suo capo sia «senz'altro una canaglia» e venga pagato male, il vicino ritiene che l'assunzione presso il magazzino con cui si paga gli studi sia il suo più grande successo; anche perché trovare un impiego di quel genere è molto difficile. Karl allora riflette che, una volta tornato in libertà, non dissiperà le energie come lo studente: anzi si sottoporrà «a ogni

[215] Così M. Nervi introducendo il romanzo in F. Kafka, *Tutti i romanzi. Tutti i racconti e i testi pubblicati in vita*, cit., p. 9.

compito, anche a quelli che gli altri impiegati avrebbero rifiutato come indegni di loro».[216] Studiare è diventato inutile, se già non lo era prima; qualsiasi lavoro, persino il più grave abbrutimento, andrà bene pur di sopravvivere.

Il secondo: in un frammento cronologicamente successivo Karl viene sgridato a causa di un ritardo, ma ignora le urla con un indurimento ormai evidente, un fatalismo forgiato nell'umiliazione: «ciascuno voleva esercitare il suo potere e insultava i sottoposti. Una volta che ci si era abituati, sembrava normale quanto il ticchettio dell'orologio».[217] Il suo fato appare l'esatto opposto del fato di Pinocchio: da «ragazzino perbene» a insensibile marionetta.

In ogni caso, alla fine del quinto capitolo va ancora tutto bene. Karl ha scalato il primo gradino della tipica storia di successo personale; potrebbero arrivare nuove disavventure, certo, però il lieto fine appare già inscritto nella buona volontà del protagonista. Kafka stesso ha riconosciuto a posteriori il suo debito inconscio verso Dickens: ma dove Dickens si sarebbe fermato, lui prosegue implacabilmente e con una durezza cento volte maggiore.

[216] F. Kafka, *Il disperso*, cit., pp. 391-393.
[217] Ivi, p. 419.

Nel sesto capitolo, mentre il ragazzo sta mangiando una mela durante una pausa, ricompare Robinson. È ubriaco marcio e vomita nel vano dell'ascensore: Karl rischia moltissimo, basta che passi un cliente ricco e nervoso o un detective dell'albergo – che a quanto pare esercita forme di controllo spionistiche sui propri dipendenti – per metterlo nei guai. Così si allontana dall'ascensore e porta l'ex compagno nel dormitorio, quindi corre dal capocameriere per spiegare la propria situazione. Mentre attende si tranquillizza un poco, magari le cose andranno bene, ma con un rovesciamento subitaneo che ricorda *La condanna* il capocameriere «si alzò in piedi con un movimento elastico e cominciò a urlare talmente forte contro Karl, che questi, spaventato, in un primo momento non fece altro che guardare dentro le sue grandi fauci nere».[218]

Viene licenziato, e con un sovrappiù di crudeltà il portiere dell'albergo lì presente comincia a tormentarlo e accusarlo di non salutare mai. Karl è costernato: ha lavorato alla perfezione per due mesi, ma «nei momenti decisivi, a questo non si fa caso in nessuna parte del mondo, né in Europa né in America, ma si decide in base al giudizio che viene sulle labbra nel primo impulso di collera».[219]

[218] Ivi, p. 261.
[219] Ivi, p. 267.

E così va in frantumi un'altra illusione: il ragazzo apprende cosa significhi avere un padrone; l'evidenza non conta nulla, non conta nulla l'impegno: il giudizio viene passato sommariamente per la peggiore delle ragioni – perché si può.

Per oltraggiarlo ancor più il capocameriere convoca la capocuoca e la sua assistente Therese, che nel capitolo precedente sono state rispettivamente madre e sorella adottive di Karl, aiutandolo a inserirsi presso l'Hotel Occidental. A questo punto comincia il primo vero processo dell'opera di Kafka, dall'evidente qualità teatrale: l'entrata e l'uscita di personaggi nella scena, l'intercalarsi di momenti di accusa e difesa attraverso il dialogo, la fortissima corporeità dell'azione.

Un tribunale simile agisce nel *Fuochista* – e in misura ancor più ridotta nella *Condanna* – ma solo adesso il potenziale distruttivo del meccanismo viene sfruttato fino in fondo, a partire da un elemento fondante: non c'è un vero scambio di argomenti; è essenzialmente una farsa, ognuno recita la propria parte ma tutto è già deciso.

Karl ammette di aver portato Robinson nel dormitorio ma soltanto per mandarlo via in seguito ed evitare guai. Il capocameriere a sua volta persiste nel ritenere che sia stato Karl a far ubriacare l'intruso:

«È impossibile difendersi quando manca la buona volontà», si disse Karl, e non rispose più al capocameriere, per quanto ciò facesse soffrire Therese. Sapeva che qualunque cosa dicesse avrebbe subito preso un altro senso rispetto alle sue intenzioni, e che trovarci il bene oppure il male era lasciato al modo in cui si giudicava.[220]

Siamo già nel mondo del *Processo*. Il sospetto è così universale che persino la capocuoca, animata dalle migliori intenzioni, rifiuta di ponderare la situazione sulla base di semplici impressioni: «No, Karl! No, no! Non ce ne possiamo convincere. Le cose giuste hanno un loro aspetto, e devo confessare che la tua questione un simile aspetto non ce l'ha proprio».[221] *Nein, Karl, nein, nein!* Il suono dell'avverbio è quasi insostenibile; e la carezza che la cuoca gli concede alla fine ha un sapore altrettanto amaro. Therese ne è soddisfatta, i suoi occhi «brillavano di gioia, come se le fosse indifferente se Karl avesse commesso qualcosa oppure no»;[222] ma l'innocente Karl non può certo gioirne. Lo cacciano via senza che abbia colpa, per la terza volta nella sua breve vita: le ultime parole buone della capocuoca suonano solo come una beffa.

[220] Ivi, p. 283.
[221] Ivi, p. 285.
[222] Ivi, p. 289.

Un altro parallelismo con il *Processo* è illuminante. Quando Josef K. viene posto di fronte alla possibilità di ottenere un rinvio o un'assoluzione apparente, comprende subito che entrambi i metodi impediscono la sola cosa che davvero conta, la sola cosa *giusta*: un'assoluzione reale. Allo stesso modo Karl trova qui e là comprensione o barlumi di grazia provvisoria, ma non ottiene mai la giustizia che cerca.

E che l'intera società sia retta da norme traballanti si evince anche da un bellissimo passaggio del settimo capitolo, quando Karl contempla dal ballatoio una sorta di enorme carnevalata. Mentre i balconi si assiepano di persone che cantano o fischiano, in strada brulica un corteo dove spicca un signore sulle spalle di un uomo gigantesco, intento a tenere un comizio e agitare il cappello a cilindro. È un candidato al ruolo di giudice, e un simile esibizionismo da parte di chi dovrebbe amministrare la giustizia la dice lunga.

Ma torniamo al nostro tribunale. Dopo essere stato licenziato la pena non è conclusa, anzi: il portiere trattiene Karl nella portineria, le cui pareti sono lastre di vetro e la folla dell'atrio può assistere alla «esecuzione»:

La gente là fuori non vedeva questa violenza del capoportiere? E se la vedevano, che interpretazione ne davano, dato che nessuno bussava almeno al vetro per far sapere al capoportiere che era osservato e non poteva fare con Karl quel che gli pareva?[223]

La risposta è, ancora una volta, no: nell'albergo, e in generale nell'America trasfigurata ma anche straordinariamente realistica di Kafka, vige la legge del disinteresse reciproco; se qualcuno è punito allora senz'altro avrà fatto qualcosa per meritarselo – «la colpa è sempre indubbia», diceva l'ufficiale della *Colonia penale* – e comunque non sono affari nostri.

Tale meccanismo, aggravato dalla modernità ma lungi dall'esserne un prodotto, è tanto comune quanto odioso e consente all'altra grande regola del *Disperso* di funzionare in assoluta tranquillità: se c'è occasione di perfidia, qualcuno se ne approfitterà subito. Ad esempio, dopo la disavventura all'albergo, Karl riporta Robinson a casa e viene fermato da un poliziotto: qui per pura cattiveria Delamarche aggiunge che è stato licenziato dall'Hotel Occidental, intuendo che Karl non vuole dare ulteriori motivi di vergogna alla capocuoca facendosi riportare laggiù come un criminale arrestato.

Da questo punto di vista il carattere pubblico della punizione e del tormento assume un va-

[223] Ivi, p. 297.

lore peculiare. Nella *Condanna* il giudizio era stato emesso in una stanza buia e realizzato all'aperto, sempre nella più totale indifferenza circostante; nella *Metamorfosi* tutto si svolge fra quattro pareti, con la decisione di abbandonare Gregor e il suo lasciarsi morire; infine nel *Fuochista* il protagonista omonimo era stato liquidato in una sala di nave con vista sull'oceano, ma pur sempre chiusa. È solo qui, in questa stanza dalle pareti di vetro, che il mondo del Kafka maturo si rivela compiutamente: non soltanto perché vi aggiunge un sovrappiù di vergogna, la vergogna del condannato al supplizio davanti agli sguardi altrui – ma anche perché avviene in un luogo di lavoro. La sospensione dei diritti personali è assoluta persino dove, secondo la vulgata del Paese delle opportunità, dovrebbero incarnarsi: lavora sodo e diventerai un americano, come suggerisce a un certo punto la capocuoca.

In particolare, e vorrei sottolinearlo con forza, non c'è niente di metafisico nella condanna: è pura prevaricazione materiale, violenza fisica umiliante e sadica. Dopo averlo colpito e aver spiegato che nessuno gli crederà se grida, il portiere fruga nelle tasche di Karl e butta quel che trova finché il ragazzo, esasperato, riesce a sgusciare via.

Come ha scritto Calasso, «il gesto da cui si riconosce Karl è il divincolarsi»[224] – e anche in questo somiglia molto a Pinocchio. Per l'intero romanzo, a partire dalle moine ambigue di Pollunder fino alle molestie dei poliziotti e alle botte di Delamarche, il protagonista è continuamente vittima della prepotenza di corpi più grandi e più forti del suo cui cerca di sfuggire; senza dimenticare che l'origine del suo bando sta in un abuso carnale.

Non esiste privacy, nel regno di vetro e cemento del *Disperso*: e la libertà formale che tutti decantano si traduce in rapporti di sostanziale alienazione e sfruttamento. Del resto, Karl l'aveva già intuito nel secondo capitolo:

> Non c'era infatti da far conto sulla compassione, ed era assolutamente corretto ciò che Karl aveva letto sull'America in proposito; solo i fortunati sembravano godersi qui la loro fortuna, in mezzo ai volti spensierati del loro ambiente.[225]

3. *Esiste la salvezza? Sul* Disperso *(II)*

Alla fine del *Disperso*, o a quella che arbitrariamente riteniamo essere la fine, dopo essere fuggi-

[224] R. Calasso, *K.*, cit., p. 210.
[225] F. Kafka, *Il disperso*, cit., p. 87.

to dalla schiavitù presso Brunelda e dopo aver svolto diversi altri lavori, Karl trova su un muro un manifesto pubblicitario: il Teatro di Oklahama annuncia che assumerà chiunque si presenti ai centri di reclutamento, soltanto oggi e soltanto fino alle dodici. I passanti non sono molto impressionati: ci sono troppi manifesti del genere, e lo stile di quello «era ancor più inverosimile di quanto lo fossero di solito gli altri. Ma soprattutto aveva un grosso errore, non si faceva parola dello stipendio».[226] Anche l'idea che i posti siano illimitati suona come la classica trovata da due soldi.

Questo scetticismo da strada è una componente essenziale della scena, perché l'annuncio strombazzato mitiga il lessico vagamente teologico che pure contiene, e che seduce il ragazzo: «"Tutti sono i benvenuti", c'era scritto. Tutti, quindi anche Karl. Quel che aveva fatto finora sarebbe stato dimenticato, nessuno glielo avrebbe più rimproverato».[227]

Da un lato abbiamo il mondo disincantato che ha già recato innumerevoli delusioni; e dall'altro un desiderio più che comprensibile di redenzione. Non abbiamo prova che il messaggio dica la verità o lasci intendere qualcosa di più rispetto alla sua

[226] Ivi, p. 423. Aggiungo di passaggio che il titolo del capitolo, *Il teatro naturale di Oklahama*, è dovuto a Brod: l'aggettivo «naturale» non compare nel testo kafkiano.
[227] Ibidem.

smaccata, eccessiva offerta di lavoro: ma Karl ha bisogno di scorgervi una promessa di salvezza.

E qui è bene ribadire la giovanissima età del protagonista. Karl ha doti indubbie: è determinato, non si fa mettere i piedi in testa, è volonteroso, amichevole e istintivamente altruista; i suoi difetti – per prima la credulità – sono poca cosa di fronte all'ostilità che lo incalza. Pertanto necessita di una qualche compensazione, come ogni sedicenne; perché non dovrebbe indulgere in sogni?

Prima di essere assunto all'Hotel Occidental scopre che Robinson e Delamarche hanno frugato nella sua valigia, e pensa che gli abbiano sottratto l'unica fotografia dei genitori: arriva a offrire il resto del contenuto pur di riaverla. Lo scatto non è nulla di che – l'inquadratura è rigida, e pure fissandola a lungo il padre non prende vita – ma Karl è costretto a idealizzarlo per sopravvivere, così come è costretto a credere nel Teatro di Oklahama. Quando ricordiamo che il protagonista non è un aspetto della «funzione K» bensì un adolescente cacciato di casa, senza soldi, senza sostegno, più volte abusato, il romanzo acquisisce un carattere diverso. Se di fronte a un personaggio del genere parliamo solo di salvezze religiose o lo accusiamo di non avere imparato la lezione, non siamo migliori dei suoi aguzzini.

Oklahama, dunque. Karl si gioca il tutto per tutto e investe gli averi rimasti, che gli sarebbero bastati per otto giorni, in un biglietto per la città di Clayton. Qui davanti all'ippodromo trova una tribuna con donne vestite da angeli intente a suonare la tromba: un allestimento grottesco – in seguito le donne verranno sostituite da uomini in abiti da diavoli – che dovrebbe invitare gli avventori al reclutamento.

Karl viene condotto in vari uffici perché ce ne sono di ogni sorta, in una proliferazione comica: quello per persone con nozioni tecniche, per diplomati alla scuola media, per studenti medi europei. Qui Karl si presenta con un soprannome che gli hanno dato negli ultimi posti dove ha lavorato: «Negro». Il responsabile è perplesso, non può chiamarsi davvero così, ma lo scrivano sembra avere più potere e lo assume ufficialmente. Infine i nuovi lavoratori si dirigono alla ferrovia, senza nemmeno i bagagli: «Che gente squattrinata e sospetta si era raccolta laggiù, e come malgrado tutto erano stati ben accolti e protetti!».[228]

Rileggendo questo capitolo vengo sempre colto da una suggestione spettrale: l'intera procedura, con le sue continue minuzie e il senso di falsità che trapela sotto l'entusiasmo, ricorda una selezione ben mascherata di persone che stanno

[228] Ivi, p. 451.

per essere spedite ai campi di sterminio.[229] È chiaramente il frutto di quelle letture post-datate contro cui mi sono messo in guardia, ma non riesco a scuotermela di dosso; diciamo allora che segnala una nota stonata. L'impressione di un carrozzone da fiera di paese, nonostante la vastità dei mezzi del teatro, è piuttosto evidente; è difficile credere che Kafka avesse previsto qui una possibile redenzione, come vorrebbe Brod.[230] In effetti nei *Diari* leggiamo, con un accostamento fra Karl e il protagonista del *Processo*: «Rossmann e K., l'innocente e il colpevole, infine uccisi tutti e due, per castigo, senza distinzione, l'innocente con mano più leggera, piuttosto spinto da parte che ammazzato».[231]

C'è dell'altro. Sappiamo che Kafka si documentò con attenzione per questo romanzo, e in particolare sappiamo che consultò un libro di Arthur Holitscher, *Amerika Heute und Morgen*, nel quale è contenuta un'immagine spaventosa: la

[229] Non sono peraltro il solo: vedi ad esempio H. Caygill, «The Fate of the Pariah: Arendt and Kafka's "Nature Theatre of Oklahama"», *College Literature*, vol. 38, no. 1, 2011, pp. 1-14.

[230] «Circa la progettata conclusione di "America" [...] ricordo ancora che il libro doveva terminare, esempio unico fra le opere di Kafka, in forma ottimistica, tra ampie possibilità di vita» (M. Brod, *Franz Kafka*, cit., p. 155). Subito dopo però Brod cita con onestà la riga dei *Diari* da me riportata qui di seguito, spiegando che l'alternativa tragica restava comunque aperta.

[231] F. Kafka, *Confessioni e diari*, cit., p. 540.

foto del linciaggio di un uomo nero dal titolo «Idillio in Oklahama». Probabilmente l'errore di scrittura – *Oklahama* in luogo di *Oklahoma* – viene da qui; e molti hanno ritenuto che da qui venga anche l'ombra sinistra del teatro e del soprannome di Karl – appunto «Negro».[232]

Ovviamente non possiamo sapere se l'allusione contenga il fato del protagonista, ma resta un monito contro conclusioni ottimistiche. Del resto c'è un altro fattore che spinge a supporre una fine tragica: la spada retta dalla Statua della Libertà nel primo capitolo, ovvero *Il fuochista*. Il dettaglio suggerisce che pure nel nuovo continente si sia liberi innanzitutto di esercitare forza e arbitrio, come farebbe una divinità. E in effetti nel romanzo la debolezza di Karl (unita alla sua solitudine) è determinante nel mantenerlo in uno stato di subalternità: allo stesso modo il suo desiderio di autentica giustizia per sé e per altri è estremamente nobile, ma non intacca un regime dove vige la prevaricazione.

Tuttavia le cose non sono tanto semplici. Al realismo del romanzo, mai davvero messo in dubbio, Kafka aggiunge due tocchi usuali: l'espressioni-

[232] Cfr. ad esempio C. Duttlinger, *Kafka and Photography*, Oxford University Press, Oxford 2007, pp. 98-99 e R. Robertson, *Kafka: Judaism, Politics and Literature*, cit., pp. 60-61.

smo descrittivo e alcuni elementi fiabeschi. Insomma, *Il disperso* è tanto la rappresentazione accurata di una società capitalistica quanto un mondo stuzzicato qui e là da una bacchetta magica: *Amerika* non è solo il nome di un continente ma anche una parola che simboleggia la lontananza, l'alterità.

Certo il Teatro di Oklahama, nonostante l'aspetto imbonitorio, mantiene quanto promette: Karl viene assunto e per la prima volta non sembrano esserci tracce di sfruttamento, sebbene il suo ruolo sia di semplice operaio tecnico e gli venga chiesto se si sente pronto a lavori pesanti. Ed è vero che l'erosione del nome lo riduce a parte di una massa informe: alla luce del paternalismo con cui i lavoratori sono accolti al Teatro, e suggerendo un interessante paragone con il Grande Inquisitore di Dostoevskij, Malmsheimer ha ipotizzato che Karl ceda la propria identità e libertà in cambio di sicurezza e cibo.[233]

Ma se fosse proprio ciò che desidera? Kafka scrisse il capitolo mentre stava lavorando al *Processo* e soprattutto alla *Colonia penale*, in cui indaga, come abbiamo visto, forme di vita e giustizia diametralmente opposte alle nostre. Forse do-

[233] Cfr. R.R. Malmsheimer, «Kafka's "Nature Theatre of Oklahoma": The end of Karl Rossman's Journey to Maturity», *Modern Fiction Studies*, vol. 13, no. 4, 1967-1968, p. 501.

po tante fatiche Karl vuole proprio realizzare fino in fondo la promessa del titolo, diventare un *disperso*: spogliarsi di sé ed essere libero dall'invadenza altrui. Siamo talmente abituati al romanzo tradizionale da trovare ardua l'ipotesi che un protagonista possa diventare non molto più di una comparsa: svanire, rompere lo schema del viaggio dell'eroe: ma anche questo è un segno del radicalismo artistico di Kafka.

Se così è possiamo rileggere con altri occhi l'ultimo frammento del libro, che racconta il viaggio in treno di Karl e del suo ritrovato ex collega d'albergo, Giacomo. I due ragazzi percorrono l'America per due giorni e due notti, quando il romanzo si interrompe di colpo su un'ultima meravigliosa immagine, dove la natura esplode vigorosamente: la presenza umana che tanto ha oppresso Karl sparisce, ed egli stesso è sommerso dal selvaggio panorama americano, in un lampo d'estasi visiva:

> Il primo giorno passarono attraverso un paesaggio di alte montagne. Macigni neri e bluastri scorrevano lungo il treno con le loro prominenze appuntite, ci si sporgeva dal finestrino e si cercava inutilmente di vederne la vetta, poi si aprivano delle strette valli frastagliate, si poteva indicare con il dito la direzione in cui si perdevano, ampi fiumi di montagna scendevano veloci

come grosse ondate sul fondo sconnesso creando al loro interno mille piccole onde schiumose, si precipitavano sotto i ponti su cui passava il treno, ed erano tanto vicini che il soffio della loro frescura faceva rabbrividire il viso.[234]

4. *Chi è Josef K.? Sul* Processo *(I)*

Ci sono tante frasi terribili nel *Processo*, e una fra le più terribili compare nelle primissime pagine, a commento dell'arresto del protagonista: «K. viveva in uno Stato di diritto, ovunque regnava la pace, tutte le leggi erano in vigore, chi poteva osare di piombare così in casa sua?».[235] Il luogo dove si svolgono le sue disavventure è una caricatura dello Stato liberale – o meglio, una sua possibile involuzione.

Il processo fu scritto tra l'agosto 1914 e la fine di gennaio 1915, quando Kafka lo abbandonò definitivamente dopo un ultimo rabbocco di pagine. Resta il più frammentario dei tre romanzi: presenta varie lacune formali, suggestioni irrisolte, personaggi che compaiono e non vengono più approfonditi; considerato come l'insieme che comunque non è – la scelta e successione dei capito-

[234] F. Kafka, *Il disperso*, cit., p. 455.
[235] F. Kafka, *Il processo*, cit., p. 493.

li è dovuta a Brod[236] – mostra diversi punti deboli. Eppure nessun altro testo di Kafka è stato più influente, tranne forse *La metamorfosi*; e pochi altri contengono singole scene e immagini di potenza paragonabile all'arresto iniziale o alla conversazione con il prete nel duomo, per non citare che le più famose.

L'effetto dipende sicuramente dalla mostruosa dilatazione del potere giudiziario che traspare fin dall'incipit. Il fatto che ciò si sarebbe realizzato poco tempo dopo la stesura del testo, con l'avvento dei fascismi in Europa, dà certo una misura della cosiddetta preveggenza di Kafka: ma è un pregio secondario. Il tema del *Processo* ha a che fare con qualcosa di più primitivo e complesso, la netta polarità fra il singolo e un intero sistema: cominciamo dunque dal primo.

Il trentenne Josef K. è un funzionario bancario di successo, campione di un'etica aziendale fatta di disumanità nascosta da cortesie di facciata: non ha problemi a maltrattare i sottoposti, ad esempio;

[236] In una lettera di fine 1919, invitando Kafka a proporre il romanzo all'editore Wolff, minacciò l'amico scherzosamente ma profeticamente: «Finirò allora io, di mio pugno, di confezionare il tuo *Processo*!» (M. Brod-F. Kafka, *Un altro scrivere*, cit., p. 268). Per una rassegna di alcune versioni differenti vedi ad esempio G. Zampa, Der Prozess*: Romanzo o frammenti*, in F. Kafka, *Il processo*, a cura e con un saggio di G. Zampa, Adelphi, Milano 1973, pp. 265-315, e l'apparato critico di M. Nervi in *Tutti i romanzi. Tutti i racconti e i testi pubblicati in vita*, cit., pp. 475-481.

e quando è in difficoltà a causa del processo e il suo vicedirettore se ne approfitta per sottrargli clienti, medita che a cose appianate «lui sarà il primo ad accorgersene, e sarà un boccone molto amaro».[237] Ha una vita molto regolare e conformista, senza veri legami: lavora fino a tardi, ogni tanto frequenta una birreria con signori più anziani (fra cui il pubblico ministero Hasterer, che ama umiliare i pochi giovani presenti) e una volta alla settimana va a letto con una ragazza, Elsa.

Del suo passato sappiamo poco: è orfano di padre e se n'è andato presto da casa, e tuttora trascura la madre, anziana e malata, di cui respinge ogni tenerezza.[238] La sua anaffettività è il prezzo per aver ottenuto una carriera così brillante, ma lo ha reso anche aggressivo e sfrontato. Il secondo capitolo si chiude con una sua molestia ai danni della signorina Bürstner, la vicina di appartamento: le afferra il polso e la bacia prima sulla bocca «e poi su tutto il viso, come una belva assetata» per poi terminare vampirescamente sul collo e tornare in camera sua soddisfatto del proprio comportamento.[239] Ancora, benché la rimproveri per le sue frequen-

[237] F. Kafka, *Il processo*, cit., p. 677.

[238] Due accenni vividi alla sua infanzia si trovano nel nono capitolo: un ricordo della piazza del duomo e soprattutto un paragone fra la zoppia del sacrestano e l'andatura di K. bambino mentre cerca di imitare chi va a cavallo. Subito dopo però K. definisce il sacrestano «un vecchio rimbambito» (ivi, p. 773).

[239] Ivi, p. 531.

tazioni extraconiugali, non manca di sedurre la lavandaia del tribunale; tratta con superficialità lo zio e l'avvocato che lo assiste; e se in qualche raro momento traspare in lui un barlume di bontà, si affretta subito a spegnerlo (come quando cerca di liberare le due guardie dal picchiatore – per poi evitare di denunciare il fatto ai portieri).[240]

Inoltre è un uomo di città. Come Dostoevskij in *Delitto e castigo*, Kafka sfrutta abilmente le risorse materiali del contesto urbano per complicare la trama e le avventure del protagonista.[241] Sottratto all'ordine del suo ufficio, Josef K. si ritrova a vagare per soffitte dall'aria opprimente e stantia, quartieri popolari, caseggiati luridi pieni di bimbi schiamazzanti o ragazzine ambigue; scorge la rumorosa officina di uno stagnaio, osserva titubante la misera stanza del pittore Titorelli – tutto un mondo proletario che non conosce e dove non si sarebbe mai recato. Su questo tornerò: per ora basti notare come l'effetto straniante che in altre prose era reso attraverso la mutazione o il viaggio esotico (*La metamorfosi*, *Nella colonia penale*) è qui ricavato dalla normalità apparente. Di colpo l'ovvio,

[240] Su questi temi vedi anche C. Conti, «Justice for Josef K.: Bringing Myth to an End in Kafka's *Trial*», *New German Critique*, 124, vol. 42, no. 1, February 2015, pp. 99-128.

[241] Cfr. R. Robertson, *Kafka: Judaism, Politics, and Literature*, cit., pp. 90-93.

la città dove una persona abita, si rivela infinitamente complesso, turpe e pericoloso.

Più in generale K. gode nell'esercitare il suo potere: per questo la situazione in cui si trova – la vulnerabilità imprevista che la contraddistingue – lo destabilizza e offende ancor prima di angustiarlo. Nelle sue reazioni iniziali all'arresto assistiamo al goffo spettacolo della lesa maestà: resa ancor più evidente dal contrappunto comico dei due sorveglianti che gli divorano la colazione. Purtroppo la piena coscienza della sua superiorità linguistica e professionale non gli sarà d'aiuto, anzi: come ha rilevato Mauro Nervi, l'assenza di ragionevolezza da parte del tribunale – e il suo essere «roba da pezzenti», di scena in mondi socialmente inferiori – fa irrigidire K.; la soddisfazione che prova di fronte alle proprie prestazioni retoriche si dimostra subito vana, perché «la realtà è orientata su una retta che è *perpendicolare* alla retta della logica del protagonista».[242]

Chiarita la complessità di Josef K. ed escluso che si tratti, come talvolta superficialmente si pensa, di un povero innocente qualsiasi, possiamo fare un passo indietro.

La celebre prima riga del romanzo sembra trasparente, ma è in realtà molto elusiva: «Qualcu-

[242] M. Nervi, Il processo *di Kafka. Un'altra idea di letteratura*, cit., p. 49.

no doveva aver calunniato Josef K., perché un mattino, senza che avesse fatto niente di male, venne arrestato».[243] Il classico straniamento kafkiano: non riusciamo a collocare perfettamente la focalizzazione del testo: l'assenza di azioni criminali da parte del protagonista è una sua dichiarazione o l'affermazione di un narratore più alto? In ogni caso non ci vengono fornite informazioni riguardo presunti reati: l'unica ipotesi proposta è appunto una calunnia, il che ricorda di nuovo le future bassezze e delazioni dei tribunali novecenteschi; ma ciò non dovrebbe distrarci, anche perché non viene nemmeno presa in considerazione da K.

Tutto depone a favore di un gigantesco errore giudiziario. Ciò nonostante, come già sappiamo, nei *Diari* Kafka definisce K. «colpevole» accostandolo all'innocente Karl. La parola (*Schuldig*) non lascia adito a dubbi: la difficoltà è capire a cosa si riferisca.

Quando il pittore Titorelli, sedicente uomo di fiducia del tribunale, gli chiede se è innocente, K. risponde di sì e la risposta gli procura gioia, «soprattutto perché veniva data a un privato, e quindi senza alcuna responsabilità. Nessuno finora lo aveva interrogato così esplicitamente».[244]

[243] F. Kafka, *Il processo*, cit., p. 489.
[244] Ivi, p. 689.

Siamo abbondantemente oltre la metà del libro ed è la prima volta che la questione viene posta; e un'ulteriore bizzarria sta nella spensieratezza provata da K.

Il fatto è che c'è un problema: l'innocenza di cui lui parla è inutile perché appartiene a un sistema giuridico diverso rispetto a quello enigmatico del tribunale: come aveva puntualizzato fin da subito una delle due guardie, K. ignora la legge eppure dice di non averla violata. Com'è possibile? Si fa dunque strada un'idea: siamo in presenza di una macchia morale.[245]

Torniamo per un istante all'inciso della frase d'apertura: «senza che avesse fatto niente di male», o meglio alcunché di male, *etwas Böses*. Il termine è un po' incongruo, perché non appartiene al lessico giudiziario comune: benché risalga al Codice austriaco del 1852, getta subito il dubbio che la colpa appartenga all'ordine esistenziale – una finezza da dottore in giurisprudenza, come appunto Kafka era.[246]

Saremmo dunque in presenza di uno spaventoso stato di polizia etica: e per quanto odioso risulti Josef K., la sproporzione fra le sue colpe e una

[245] Cfr. R. Robertson, *Kafka: Judaism, Politics, and Literature*, cit., pp. 101 ss.

[246] Cfr. R. Robertson, *Style*, e T. Ziolkowski, *Law*, in C. Duttlinger (edited by), *Franz Kafka in Context*, cit., p. 66 e p. 189 rispettivamente.

condanna a morte è evidente. D'altro canto il processo procede, senza veri aiuti da parte dell'avvocato assunto, e non mancano i consueti episodi comici a renderlo ancora più atroce. I tentativi del protagonista di riportare l'arbitrio a ragione non fanno che peggiorare le cose: c'è una forma di resistenza che Josef K. esprime con la sua caparbietà, ma appare vana di fronte a un potere che non coglie e non capisce. Anche perché tale potere in realtà non fa poi granché: dopo averlo convocato per un'udienza preliminare lo lascia libero e tende a non mostrarsi; molti gli consigliano infatti prudenza, come se acquattarsi facendo finta di nulla fosse meglio di agire.

K. al contrario si indigna, si arrabbia, decide di fare per conto proprio: non c'è nulla del martirio consapevole o dell'infilare la testa nel cappio in tutto ciò. Il vittimismo è la peggior categoria per analizzare Josef K. o gli altri eroi kafkiani.

Ma piano piano le cose cambiano – e questa mutazione (stavo per scrivere: *questa metamorfosi*) è un saggio d'arte narrativa purtroppo compiuto solo a metà. Il processo consuma K., lo spoglia della lucidità di pensiero di cui andava orgoglioso, ma l'ultimo capitolo arriva all'improvviso e il comportamento docile del protagonista, che si lascia uccidere senza opporre resistenza, può apparire sconcertante. In effetti poteva essere preparato mostrando lo sfinimento progressivo di K.; e a quanto risulta dai frammenti Kafka aveva intenzione di fare proprio così, aggiungendo altre scene prima della conclusione.

Si tratta comunque di una manciata di pagine vertiginose, dove K. ha ormai accettato la logica di fondo del tribunale – la logica del più forte, per la quale e della quale aveva peraltro vissuto sinora. Mentre gli assassini che hanno bussato alla sua porta (due individui grassi in abito e cilindro, che egli scambia per attori) lo guidano a braccetto per la città notturna in una grottesca silhouette, cercando un posto per ammazzarlo, K. riflette:

> Ho sempre voluto affrontare il mondo a venti mani, e inoltre per ottenere qualcosa che non si poteva approvare. È stato uno sbaglio, dovrei dunque dimostrare che neppure questo processo durato un anno mi ha insegnato qualcosa? Devo andarmene come un uomo dalla testa dura?[247]

È quanto di più vicino a una confessione di ordine puramente etico. Nel momento sommo K. ha inteso l'essenziale: *Das war unrichtig*, era sbagliato, scorretto, un errore. La sua intera vita, l'arrivismo che la contraddistingueva, era fonda-

[247] F. Kafka, *Il processo*, cit., p. 801.

ta su premesse fallaci. Naturalmente la punizione che ne consegue è abnorme, ma è coerente con l'idea di un completo fallimento esistenziale. In precedenza K. aveva pensato di scrivere un memoriale biografico da presentare ai giudici, intuendo così senza prenderne coscienza la vera natura del procedimento: è la vita stessa a essere sotto esame, dunque la pena non può che esserne l'estinzione.

In modo simile alla *Colonia penale*, anche qui un organismo giuridico inaccettabile ha raggiunto il suo obiettivo, convincere l'accusato di una colpevolezza non redimibile. Mai la letteratura era giunta a una profondità tanto abissale: al confronto di questa scena persino Dostoevskij sembra arrestarsi un passo indietro, e possiamo ben capire perché lo stesso Primo Levi, traducendo *Il processo*, disse di sentirsi «aggredito» da quel libro.[248]

L'ultimo gesto di dignità e ribellione di K. sta nel non uccidersi da solo ma nel costringere i due boia a compiere il loro lavoro: «Non poteva dare del tutto buona prova di sé, non poteva risparmiare ogni fatica alle autorità»[249] – una sor-

[248] Cfr. P. Levi, *Conversazioni e interviste 1963-1987*, a cura di M. Belpoliti, Einaudi, Torino 1997, pp. 188 ss.
[249] F. Kafka, *Il processo*, cit., p. 803.

ta di commovente dispetto conclusivo. Poche righe dopo i suoi assassini lo prendono per la gola e gli cacciano un coltello nel cuore, girandolo due volte: Josef K. muore «come un cane»; ed «era come se la vergogna dovesse sopravvivergli».[250]

Vergogna: ma di cosa? Di aver sopportato questa infamia? Di essersi arreso senza più lottare? Delle sue macchie interiori? Della memoria infangata che resterà di lui, onta che nessuno potrà lavare? O è una costernazione per l'atrocità dell'evento stesso, per il mondo che deve assistere a una simile aberrazione? Se così è la vergogna appartiene anche al lettore: come dice Sadèq Hedayàt, «egli ha la sensazione di aver partecipato ad una calunnia che poteva evitare».[251]

D'altronde, quando aveva compreso che l'assoluzione reale è impossibile – vedremo a breve di che si tratta – K. si era *vergognato* di averlo capito: la reazione di fronte a uno spettacolo osceno nel senso etimologico del termine, che non andrebbe visto né intuito. E non è l'unico momento del genere nella prosa di Kafka: alla fine di *Indagini di un cane*, quando il misterioso cane cacciatore canta davanti al protagonista, questi viene pervaso da

[250] Ivi, p. 805.
[251] S. Hedayàt, *Il messaggio di Kafka*, a cura di F. Favelli e M. Pistoso, traduzione di F. Favelli, Edizioni Hestia, Milano 2001, p. 67.

unendlicher Angst und Scham, «infinita angoscia e vergogna».[252]

È il disagio davanti al divino inteso come potenza incommensurabile e fondamento che trascende la nostra logica e la nostra terrena, ragionevole distinzione tra bene e male: proprio come accade a Giobbe davanti alla manifestazione dell'onnipotenza. Perché se il tribunale ha un aspetto, per quanto perverso, di azione punitiva nei confronti di colpe morali, ciò potrebbe essere un ennesimo velo che noi disponiamo sopra il suo arbitrio per tentare di comprenderne le mosse, in realtà prive di qualsiasi senso umano.

Nella sua fiera arringa del terzo capitolo, accusando l'intero tribunale, K. lo inquadra come una sorta di vasta organizzazione criminale: «E dov'è, signori, il senso di tutta questa organizzazione? Consiste in questo, nell'arrestare persone innocenti e mettere in moto contro di loro un procedimento insensato e per lo più, come nel mio caso, privo di risultati».[253] Un senso che trova in sé il proprio scopo: «attività autosufficiente», chiosa Calasso, «come l'arte».[254]

[252] F. Kafka, *Indagini di un cane*, in *Tutti i racconti. Volume secondo*, cit., p. 214.

[253] F. Kafka, *Il processo*, cit., p. 553.

[254] R. Calasso, *K.*, cit., p. 247. O per usare una bella immagine di Hedayàt, «La legge è come un gatto in agguato, a caccia delle vite che passano inosservate, e all'improvviso egli attacca, e non si capiscono mai le sue mosse» (S. Hedayàt, *Il messaggio di Kafka*, cit., p. 73).

5. *Dietro alla Legge. Sul* Processo *(II)*

Vediamo ora l'altro polo del rapporto, il gigantesco apparato che accusa e alla fine uccide K. Nel capitolo *Avvocato Costruttore Pittore* viene fornita gran parte delle informazioni sul suo funzionamento, anche se in realtà si tratta di parole di seconda mano, un misto di sentito dire e opinioni senza ufficialità alcuna, poiché non vi sono protocolli di alcun genere. Gli elementi di base sembrano essere:

a) La capacità di cogliere la colpa senza bisogno di indagini («La nostra autorità, per quel che la conosco, e io conosco solo i gradi più modesti, non si mette a cercare la colpa nella gente ma, come recita la legge, viene attirata dalla colpa e deve mandare noi sorveglianti. Questa è la legge»).[255]

b) L'uso noncurante di contraddizioni procedurali o logiche: K. è in arresto ma può uscire liberamente, non gli viene notificata un'accusa specifica eppure alla fine viene condannato.

c) Una certa irritabilità, un certo infantilismo nei membri del tribunale: in ciò simili, come vedremo, ai funzionari e segretari del *Castello*: i giudici ad esempio sono vanitosi, si fanno ritrarre in pose titaniche e con fattezze che non appar-

[255] F. Kafka, *Il processo*, cit., p. 497.

tengono loro – abitudine che peraltro è autorizzata dall'alto.

d) L'aspetto venatorio del tribunale: su richiesta di un giudice Titorelli dipinge una figura che racchiude Giustizia e Vittoria insieme e, tramite un intervento in diretta del pittore, il chiarore soprastante la fa somigliare alla Dea della Caccia: un'altra divinità impropria, come la Libertà armata nel *Disperso*. Inoltre nel penultimo capitolo una telefonata di Leni, l'assistente dell'avvocato, informa K. che gli stanno dando la caccia. Gli imputati a un certo punto diventano meri corpi da predare.

e) L'implacabilità: il tribunale «non viene mai dissuaso».[256]

f) Una dinamica che non è volta ad accertare i fatti, bensì a rafforzare la presunzione di colpevolezza e invitare l'imputato, se può, a sfuggire dalle maglie del sistema.[257]

g) L'onnipresenza: i sorveglianti di K. sono puniti in uno sgabuzzino della sua banca; gli uffici sono ovunque, il sistema *dilaga*: «Tutto appartiene al tribunale».[258]

256 Ivi, p. 691.

257 «Il problema della colpevolezza o dell'innocenza, che dovrebbe costituire il motivo valido perché sia giustificata la presenza del tribunale, rimane inessenziale: serve anzi a dimostrare come il costante sforzo per raggiungere il tribunale faccia sorgere la colpevolezza» (E. Canetti, *L'altro processo*, cit., p. 113).

258 F. Kafka, *Il processo*, cit., p. 691.

h) L'indifferenza riguardo alle prove, per cui occorre muoversi alle spalle della procedura formale.

i) La segretezza degli atti, dei codici, delle procedure; più in generale un totale campo libero lasciato all'accusa: «i documenti del tribunale, e soprattutto l'atto d'accusa, erano inaccessibili all'imputato e alla sua difesa»[259] – difesa che in verità non è consentita, ma solo graziosamente tollerata.

Alla luce di ciò non stupisce l'impossibilità di una vera e propria assoluzione. Nel suo afoso atelier, Titorelli spiega a K. che le cosiddette «vere assoluzioni» devono esserci state, ma è difficile stabilirlo anche perché le sentenze definitive non vengono pubblicate – perciò «sui casi giudiziari del passato si conservano solo delle leggende».[260] In ogni caso il pittore non ha mai avuto esperienza di un simile esito; e il diritto di assolvere completamente è nelle mani del tribunale supremo, del tutto irraggiungibile.

Restano perciò due opzioni, comunque efficaci: l'assoluzione apparente (che richiede uno sforzo temporaneo ma concentrato) o il rinvio (il cui sforzo è minore ma costante). La prima comporta una dichiarazione di innocenza di K. da parte del pit-

[259] Ivi, p. 641.
[260] Ivi, p. 697. Sul tema della leggenda tornerò più avanti.

tore, che verrà inviata al giudice istruttore del processo: quegli assolverà K. e lui sarà libero, a meno che la pratica non venga di nuovo riaperta e si ricominci da capo (mentre nell'assoluzione reale tutto è distrutto, persino l'assoluzione stessa). Il rinvio invece obbliga l'imputato a tenere il processo a un livello basso, alla prima fase, con interrogatori e piccole indagini, in modo però da garantire libertà e assenza di condanna.

Come ho anticipato, K. afferra subito il punto: entrambi i metodi impediscono anche l'assoluzione reale, e questo sembra l'unico motivo per cui non accetta l'aiuto di Titorelli. Il suo orgoglio è la sua condanna, ma gli fa onore: K. si ritiene innocente e dunque non può cedere alla logica di un sistema che lo tratterebbe da colpevole pur lasciandolo sopravvivere. Non lo accetta. Non che speri in un ravvedimento improvviso del tribunale o in un atto di grazia; anzi, esporsi alla benevolenza della corte è contrario al suo carattere volitivo – «lei è troppo inflessibile», lo rimprovera Leni.[261]

Dopotutto come dargli torto? La sua sensazione di offesa a qualcosa di intimo e inviolabile è condivisa da schiere di persone castigate senza ragione e senza procedure nel corso dei millenni. Co-

[261] Ivi, p. 631.

me ha scritto Salvatore Satta, innocente «non è colui che viene assolto, bensì colui che passa nella vita senza giudizio»:[262] *Il processo* è una lunga esemplificazione di tale paradosso, e da solo infligge una pugnalata alla riflessione giuridica moderna.

Nel mondo del *Processo* convivono infatti due tribunali e due leggi: il primo ordine è manifesto, il dominio razionale del diritto classico; il secondo è celato, ridicolmente barocco, capriccioso e irrazionale. La «giustizia» esercitata da quest'ultimo sembra allora corrispondere a quanto si cela dietro il diritto positivo, nell'amara constatazione di Kelsen: non verità assolute né assoluta giustizia naturale, ma «lo sguardo fisso della testa di Gorgone del Potere».[263]

C'è però una caratteristica che sembra restringere un poco l'arbitrio della legge. Innanzitutto il tribunale abita luoghi impervi, liminari, popolari, cui K. non è affatto abituato; e inoltre i pochi cenni nel romanzo sugli altri imputati testimoniano la loro comune appartenenza al ceto benestante. Quando K. si reca nelle cancellerie delle soffitte vede alcune persone attendere il proprio

[262] S. Satta, *Il mistero del processo*, Adelphi, Milano 1994, p. 27.

[263] Così nel suo intervento in AA.VV., *Veröffentlichungen der Vereinigung der Deutschen Staatsrechtslehrer*, Heft 3, De Gruyter, Berlin-Leipzig 1927, p. 55.

turno, dall'aspetto modesto, benché «la maggior parte di loro, a giudicare dall'espressione del viso, dal portamento, del taglio della barba e da molti particolari appena percepibili, appartenevano alle classi più elevate».[264] Lo stesso K. è un funzionario di banca, e Block, il pavido e umiliato cliente dell'avvocato Huld, un tempo era un commerciante di successo (prima di spendere ogni avere nel procedimento).

Non voglio spingere la suggestione oltre e affermare che il tribunale sia diretto soltanto verso le classi alte, come una sorta di gigantesca vendetta popolare. Non è certamente così. E tuttavia, spiega Block a K., gli imputati non si frequentano perché le azioni comuni contro il tribunale sono impossibili – «solo un singolo a volte raggiunge qualcosa in segreto».[265] Block ripete il punto tre volte: non c'è nessuna comunanza. Da un lato sembra un ovvio corollario al principio dell'individualità della pena, ma dall'altro è anche la cifra di un'etica non dissimile dal cinismo che K. pratica nella banca: ognuno per sé, e che gli altri si arrangino; a unirsi collettivamente sono piuttosto le classi subalterne.

Comunque lo si voglia interpretare, il tribunale del *Processo* appare fin troppo umano – così umano da

[264] F. Kafka, *Il processo*, cit., p. 579.
[265] Ivi, p. 727.

risultare quasi inumano, per dirla con un bisticcio di parole. Forse siamo noi, per abitudine e per il mistero che il testo promana, a conferirvi un'aura di trascendenza. Ma il comportamento dei loro funzionari è, come si può riscontrare in moltissimi episodi storici, senza vergogna (che invece sorge all'improvviso in Josef K., l'unico dotato di certe preoccupazioni morali tra i personaggi che sguazzano in una vita amorale; l'unico ad accettare la sfida).

Possiamo in tal senso rileggere la famosissima parabola dell'uomo di campagna davanti alla Legge, narrata dal prete a K. nel penultimo capitolo. La storia delle sue interpretazioni riassume quella delle interpretazioni di Kafka: una serie infinita di tentativi. Non pretendo dunque di dire alcunché di nuovo; mi limiterò a qualche appunto.

Il prete racconta che un uomo di campagna si presenta al custode della porta della Legge, chiedendo di entrare. Il custode replica che è al momento impossibile, ma forse più tardi lo sarà; l'uscio è aperto ma l'uomo non osa entrare, anche perché il custode lo avverte della presenza di altri guardiani, sempre più forti. Allora l'uomo aspetta per giorni, e poi anni, cercando di blandire o corrompere il custode – ma sempre invano. Al momento della morte finalmente chiede perché, se tutti tendono alla Legge, in tanti anni nessun altro abbia mai chiesto di entrare: il guardiano risponde che quell'ingresso era destinato a lui soltanto; e ora lo chiuderà.

Nonostante la collocazione – è raccontata da un prete in una chiesa – e nonostante l'ascendente cabbalistico,[266] la leggenda è anche un'esemplificazione delle normali relazioni fra chi lavora per un'istituzione e chi non sa nulla di essa. Il guardiano con il suo piccolo potere spregia il poveraccio, l'uomo di campagna terrorizzato dalle infinite complicazioni che gli prospettano pur di ottenere ciò che gli spetta di diritto (i vari custodi sempre più potenti, cioè una catena gerarchica). Il funzionario spesso non è molto più intelligente o informato del richiedente; ne sa solo un po' di più, ma questo gli permette di trattare con disprezzo chi postula – tant'è che ogni tanto gli fa alcune domande ma «senza partecipazione come quelle dei gran signori».[267]

K. ingaggia un vivace scambio di opinioni con il prete riguardo il significato della parabola – una perfetta scena di ermeneutica talmudica, benché ci troviamo in una cattedrale – sostenendo quanto sembra istintivamente ovvio: l'uomo di campagna è stato ingannato. Ma il suo interlocutore avanza mol-

[266] Cfr. K.E. Grözinger, *Kafka e la Cabbalà*, traduzione di P. Buscaglione e C. Candela, La Giuntina, Firenze 1993, p. 76.
[267] F. Kafka, *Il processo*, cit., p. 785.

te sottigliezze per difendere l'operato del custode, accusandolo anzi di eccessiva benevolenza nei confronti dell'uomo. Ciò non deve stupire: il sacerdote è parte del tribunale, dunque come potrebbe fare altrimenti? Spiegando che «non bisogna considerare tutto vero, bisogna considerarlo solo necessario», ribadisce con franchezza la struttura di un sistema impermeabile alla logica comune.

«La menzogna viene considerata l'ordinamento del mondo», conclude amaramente K., ormai illuminato.[268] Ma era già chiaro fin dall'inizio: la parabola è posta addirittura negli «scritti introduttivi alla Legge», a mo' di ammonimento preliminare, e ora serve a sciogliere l'inganno in cui K. cade riguardo la vera natura del tribunale. Fuori da tale contesto ha comunque una forza enorme, tant'è che Kafka la pubblicò due volte in rivista e poi la incluse nel *Medico di campagna*; ma all'interno del capitolo riveste un compito preciso. Quel singolo ingresso alla Legge è destinato *soltanto all'uomo di campagna* e a nessun altro, in perfetta coerenza con un tribunale che giudica intere vite e non crimini particolari; perciò dopo la scomparsa del solo eletto non serve più tenerlo aperto. (Si danno dunque tante porte quanti esseri umani: l'apparente assolutismo della Legge trascolora in un ironico relativismo).

[268] Ivi, p. 793.

Ora torniamo indietro: parlando con la signora Grubach la sera dell'arresto, Josef K. ammette di essere stato colto di sorpresa; se invece di fermarsi si fosse alzato subito e incurante, «tutto ciò che voleva succedere sarebbe stato soffocato sul nascere».[269] L'ipotetica appare banale, ma rispecchia precisamente quanto avrebbe dovuto fare l'uomo di campagna – agire invece di chiedere. E il paradosso è che K. sembra intuirlo: descrivendo il comportamento più opportuno da tenere parla di ragionevolezza, quasi fosse un'ovvietà. Ma per tutto il resto del romanzo sembra dimenticarsene, o rendersi conto che questa ragionevolezza non è poi così evidente.

In ogni caso valutare a posteriori l'operato di entrambi è troppo facile e dimentica l'oppressione materiale – lo sconcerto, l'irritazione, l'assurdità di trovarsi davanti a un simile imprevisto – che romanzo e parabola mostrano così bene. La somma perfidia del tribunale sta anche nel moltiplicare all'infinito le possibilità dell'imputato senza dargli alcuna indicazione operativa: l'arresto di K. non lo blocca bensì amplifica mostruosamente la sua libertà; l'apparato giudiziario lo guarda dunque dibattersi, permettendogli fi-

[269] Ivi, p. 517.

nanche di salvarsi, per poi sferrare il colpo di grazia. In uno dei quaderni leggiamo un abbozzo di dialogo che chiarisce la situazione meglio di ogni esegesi:

A un tavolo rozzamente fabbricato sedevano due uomini. Sopra di loro pendeva una lampada a petrolio dalla luce tremolante. Era lontano dal mio paese.

«Sono nelle vostre mani», dissi.

«No», disse uno dei due, che sedeva eretto e si artigliava la barba con la mano sinistra; «sei libero e per questo sei perduto».[270]

6. *Una lotta frontale. Sul* Castello *(I)*

Il castello è forse la più grandiosa delle opere di Kafka e uno dei massimi risultati artistici del Novecento. Dopo un anno di improduttività, malato e immerso nel paesaggio innevato di Spindlermühle, presso i Monti dei Giganti, Kafka attinse alle forze rimaste per erigere un romanzo più ambizioso e tecnicamente più compatto: aveva appreso dai fallimenti, e *Il castello* mostra una più ferma padronanza della struttura e dei rimandi interni, oltre a un'inedita attenzione per i per-

[270] F. Kafka, *Il silenzio delle sirene*, cit., p. 117.

sonaggi minori.[271] Purtroppo anche stavolta Kafka si arrese: nell'ultimo capitolo la logica degli eventi comincia a traballare, si sente la penna cedere; e nel settembre 1922 Franz interruppe la stesura del testo a un punto morto.

Il romanzo inizia come la caricatura di una *quête* medievale: K., moderno cavaliere errante, giunge nel nevoso villaggio dominato dal conte Westwest e deve subito affrontare la diffidenza degli abitanti e l'astuzia del governo locale. Ciò che rimane oscuro dall'inizio alla fine del libro è cosa desideri esattamente ottenere, e se possa di fatto ottenerlo: un mistero non da poco, considerata la determinazione con cui si muove.

La lettura teologica suggerisce la presenza di un dio inarrivabile, simboleggiato dalla strada tortuosa che allontana sempre il castello dai tentativi di giungervi da parte di K.: il singolo è condannato a peregrinare sulla terra, e senza nemmeno poter accedere alla comunità governata da tale altissima Legge. Secondo questa linea, e seguendo i ricordi di Brod, in un finale previsto da Kafka il suo

[271] Sull'unità formale del *Castello* rispetto agli altri romanzi cfr. H. Henel, *Kafka meistert den Roman*, in C. David (herausgegeben von), *Franz Kafka Themen und Probleme*, Vandenhoek & Ruprecht, Göttingen 1980, pp. 101-120. Robertson invece lo ritiene meno riuscito (*Kafka: Judaism, Politics, and Literature*, cit., pp. 226-227).

protagonista muore proprio quando stava per essere accettato dal resto del villaggio. Ma come sempre non dovremmo allontanarci troppo dal testo, dove non c'è alcuna chiara evocazione di potenze divine; ha ragione Löwy a domandarsi: «e se il Castello non fosse il simbolo di qualche cosa d'altro, ma fosse semplicemente un *castello*, cioè la sede di un potere terrestre e umano?».[272]

Ciò non implica negare l'inebriante ricchezza simbolica del *Castello*: l'edificio stesso è anche materia di leggende, storie, racconti cavallereschi: ha un potere evocativo immenso – ancora più vasto di un tribunale – e certamente Kafka non l'ha scelto a caso.

Ripartiamo dunque da capo. K. si presenta quale agrimensore convocato dall'autorità; una prima telefonata di chiarimento al castello nega tutto, ma una seconda lo conferma. La reazione del protagonista è eloquente:

> Dunque, il castello lo aveva nominato agrimensore. Da un lato questo era uno svantaggio per lui, perché dimostrava che al castello sapevano di lui tutto quel che era necessario sapere, avevano soppesato i rapporti di forza e accettavano la battaglia con un sorriso. Ma d'al-

[272] M. Löwy, *Kafka sognatore ribelle*, cit., p. 103. Vedi anche R.J. Arneson, «Power and Authority in "The Castle"», *Mosaic: An Interdisciplinary Critical Journal*, vol. 12, no. 4, Summer 1979, pp. 99-113.

tro lato era un vantaggio, perché a suo parere ciò dimostrava che lo sottovalutavano, e che avrebbe avuto più libertà di quanto avrebbe potuto sperare in anticipo. E se credevano di poterlo tenere a lungo nella paura con questo riconoscimento della sua professione di agrimensore, un riconoscimento che era certo un indice di superiorità delle loro conoscenze – in tal caso si sbagliavano di grosso, sentiva un leggero brivido, ma questo era tutto.[273]

Non sappiamo di quale sfida si parli: è come se K. e il castello si fronteggiassero fin da subito in una lotta ad armi pari che non verrà mai resa esplicita; né K. ci aiuta in tal senso, perché non rivelerà mai ad altri o a se stesso il punto della situazione.[274] Gli unici a sapere di cosa si tratta, a quanto pare, sono i due rivali: ma d'altro canto è possibile che l'agrimensore si sbagli e sia tutto frutto di un gigantesco equivoco.

E non finisce qui. Durante il dialogo assurdo con gli aiutanti inviati dal castello, e che abbiamo già visto in precedenza, K. ha una breve esitazione: sta andando a tentoni e decide di seguire la retorica ingannevole del castello; Artur e Jeremias non

[273] F. Kafka, *Il castello*, cit., p. 891.

[274] E.R. Miller ha osservato che accediamo spesso ai pensieri di K., ma non sempre: in particolare, la cortina cala quando si presentano momenti cruciali o di difficile comprensione (cfr. «Without a Key: The Narrative Structure of *Das Schloß*», cit., p. 135).

sono i suoi collaboratori (ma esisteranno poi davvero questi presunti collaboratori?), eppure li accetta comunque. Nel quinto capitolo, dopo un lungo racconto di malintesi burocratici, scopriamo che in realtà la richiesta di un agrimensore è dovuta a un'apparente svista: K. si trova in una sorta di limbo. La spiegazione dell'accaduto richiama i principi del *Processo* o della *Colonia penale*: l'errore non è contemplato; e d'altronde, «anche quando talvolta sembra che ce ne sia uno, come nel suo caso, chi potrebbe dire con sicurezza che sia davvero un errore?».[275]

Per complicare ulteriormente le cose, il potente funzionario Klamm ha inviato a K. un messaggio privato amichevole e ben disposto, cui ne seguirà un altro dove si congratula del lavoro. Ma quale lavoro? Per tutto il romanzo K. non effettuerà alcuna misurazione né mostrerà di avere competenze in agrimensura; non è chiaro perché Kafka gli abbia affidato proprio questa professione, sebbene possiamo avanzare qualche ipotesi.

Il castello è un romanzo essenzialmente dialogico; tuttavia le conversazioni – spesso intessute di lunghi monologhi – si fondano per lo più sulla difficoltà estrema di comunicare, sul perenne sospetto di un inganno latente. K. cerca di inserirsi a fa-

[275] F. Kafka, *Il castello*, cit., p. 987.

tica ma con grande volontà in tale sistema verbale. Ora la negoziazione che nel libro emerge in termini piattamente realistici (una bega di paese fra contadini, timorosi di perdere le terre) suggerisce, con la dovuta prudenza, un'estensione metaforica: il lavoro di K. comporterebbe una ridefinizione del potere del castello, assunto invece come assoluto e inderogabile.[276]

Al riguardo W.G. Sebald notò che la professione di K. nasconde un gioco di parole: in ebraico, lingua di cui Kafka all'epoca aveva una buona padronanza, *mashoaḥ* significa agrimensore, mentre *mashiaḥ* sta per Messia.[277] Fatto non secondario, anche se resta da capire cosa implichi. A giudizio di Sebald, il messianismo kafkiano obbedisce a tre aspetti tipici della tradizione: la speranza di abbattere le ingiustizie, le contraddizioni interne al Messia stesso, e infine la sconfitta cui è destinato. Il mondo mitico che si riproduce di continuo verrebbe quindi messo in difficoltà da un elemento ribelle, il cui fine è la liberazione dell'intera comunità e il mezzo la lotta a viso aperto; e quand'anche fosse un ciarlatano, K. avrebbe il merito di mantenere vive speranza e battaglia.

[276] Su questo è stato pionieristico il lavoro di W. Emrich, *Franz Kafka*, Athenäum-Verlag, Bonn 1958.

[277] Cfr. W.G. Sebald, *The Law of Ignominy: Authority, Messianism and Exile in the* Castle, in F. Kuna (ed.), *On Kafka: Semi-Centenary Perspectives*, Elek Books, London 1976, p. 47. Vedi anche R. Robertson, *Kafka: Judaism, Politics, and Literature*, cit., pp. 228 ss.

Nell'analisi di Sebald vi sono alcuni punti fecondi, su tutti il concetto di una ribellione contro il mito – su cui tornerò – ma nel complesso mi sembra si spinga troppo in là. Comunque, anche spogliato di un'investitura religiosa così alta, K. resta un nemico estremamente pericoloso: da un punto di vista politico ha qualcosa di sovversivo, e in effetti è considerato tale dall'autorità.

Parte del fascino di K. sta in questa *posizione d'attacco* che mantiene fin dal principio. Non è il ruolo di agrimensore in sé a interessargli, bensì soltanto la possibilità di accedere al castello, che tuttavia rimane assolutamente impenetrabile: la sofferenza da sopportare nella lotta «non era niente in rapporto a ciò cui mirava K. e lui non era venuto qui per godersi una vita di onori e tranquillità».[278]

Allo stesso modo non nutre riguardi verso la popolazione del villaggio: non si pone come salvatore dei locali – motivo per cui la lettura messianica mi lascia perplesso – quanto piuttosto come un colonialista: arriva in un luogo a lui poco noto, non si perita di capire le usanze locali, vuole soltanto intervenire per modificarle. Per quanto ne sappiamo la sua mira finale potrebbe essere persino il ruolo di conte.

Ma a ogni mossa di K. il castello replica schivandola e riparandosi dietro una coltre di va-

[278] F. Kafka, *Il castello*, cit., p. 1133.

ghezze. Non si sa nemmeno quali siano realmente le cancellerie, né se il funzionario indicato come Klamm sia davvero Klamm: il suo aspetto peraltro è continuamente mutevole. Con la sua abilità metamorfica il potere non impedisce nulla a K. – proprio come il tribunale faceva con il suo quasi omonimo – ma lo affonda in una palude di complicazioni e lo tiene costantemente sott'occhio, oltre a mantenersi in uno stato di imperturbabile non-raggiungibilità: è K. stesso a smarrirsi lungo la strada del colle, senza incorrere in guardie o divieti.[279]

Ma lo strumento principale del castello sono i due aiutanti, Artur e Jeremias, la più fenomenale coppia di giullari che Kafka abbia mai inventato: si producono in scene comiche da morir dal ridere, si sbracciano, implorano, piagnucolano, si confrontano le barbe, ma in realtà sono stati inviati da un funzionario anche se non hanno alcuna competenza in agrimensura, con il mero fine di rasserenare K. Una volta divisi e privati dello scopo professionale tornano mesti uomini qualunque; la loro gestualità ridicola è uno dei più sottili trucchi kafkiani, perché rischia di occultare – a K. come al lettore – il fatto che sono attori, come attori appari-

[279] Su tale aspetto vedi ad esempio A.G. Hoffman, «Plotting the Landscape: Stories and Storytellers in *The Castle*», *Twentieth Century Literature*, vol. 27, no. 3 (Autumn, 1981), pp. 289-307.

vano i due esecutori del *Processo*. Recitavano persino il loro talento clownesco.

Nel *Castello* compaiono anche diverse grandiose figure femminili: Frieda, l'ostessa Gardena e le due sorelle del messaggero Barnabas, Olga e Amalia. La storia di quest'ultima ci viene raccontata da Olga in un excursus molto ampio (un'altra notevole variazione narrativa, peraltro): di fronte al castello Amalia mette in pratica una strategia opposta all'attacco di K., una sorta di resistenza non-violenta.

Tre anni prima il funzionario Sortini spedì alla ragazza una lettera piena di volgarità e minacce ordinandole di raggiungerlo alla Locanda dei Signori. Amalia la distrusse e con questo iniziò la sciagura della famiglia. Olga è molto lucida e comprende benissimo la natura dei rapporti di potere vigenti: benché si dica che tutti fanno parte del castello e non c'è alcun distacco fra esso e il villaggio, «purtroppo abbiamo avuto modo di vedere che quando poi si arriva al punto la regola non vale affatto».[280] Afferma che Klamm è un tiranno, ma spiega anche che le donne non possono fare altro che amare i funzionari quando sono chiamate: il gesto di Amalia appare dunque come una rottura inaudita della consuetudine.

[280] F. Kafka, *Il castello*, cit., p. 1205.

Da lì in poi la famiglia venne emarginata dal resto del villaggio: con rassegnato pragmatismo Olga trova l'allontanamento doveroso, poiché loro si sarebbero comportati allo stesso modo. Il problema sta piuttosto nella reazione della famiglia, che si è chiusa in casa invece di far finta di nulla – probabilmente a causa di Amalia, la quale a differenza degli altri «non solo sopportava il dolore ma aveva anche la lucidità per capirlo in pieno [...]; lei stava guardando negli occhi la verità, e allora come oggi viveva e sopportava questa vita».[281] Ha incrociato il volto della Gorgone e ne è rimasta pietrificata: ha toccato con mano la spietatezza del castello cui ha reagito eroicamente, ma condannandosi e condannando i suoi cari.

Perché ora la comunità si è raccolta nell'odio – una pulsione ricorrente in molte altre prose di Kafka, dalla *Metamorfosi* al *Disperso* – e se l'è presa davvero con loro, disprezzandoli e lasciando che cadessero in miseria. Il padre ha supplicato il castello che però ha reagito come sempre, facendo finta di nulla: non c'è stata alcuna punizione ufficiale, nessuno lassù ha mosso un dito contro la famiglia, dunque cosa vuole? Ancora una volta in modo simile al *Processo*, il potere preferisce farsi beffe invece di colpire direttamente. La storia stessa

[281] Ivi, p. 1227.

sembra quasi un ammonimento per K., il quale tuttavia non ne resta molto impressionato.

Ed ecco un'altra peculiarità del testo: per quanto come sempre piuttosto «sottili», i personaggi principali del *Castello* sono carichi di ambiguità e chiaroscuri. Kafka vi infonde tutta la sua perizia artistica: e così Amalia è certamente nobile, ma anche altera e superba; e Olga, che all'inizio era sembrata un po' infantile, rivela intelligenza, avvedutezza e un tocco di cinismo. Quanto a K., l'abbiamo già notato, il solo aspetto evidente della sua personalità risulta essere una postura d'assalto – che pure, come il silenzio di Amalia o i tentativi di Olga di rabbonire le autorità, non sortisce grandi effetti.

Nell'ottavo capitolo crede di poter incontrare Klamm attendendolo nella sua slitta: invano: solo nel cortile con le luci spente ha raggiunto quel che si era prefisso ma ha ottenuto una vittoria formale, la vuota possibilità di essere libero di fare nulla – l'opposto della libertà materiale di Klamm, che infatti se ne andrà quando poco dopo

sembrò a K. che ogni contatto con lui fosse stato interrotto, che fosse ora naturalmente più libero che mai di poter aspettare qui, in questo luogo altrimenti a lui proibito, tutto il tempo che gli pareva; gli sembrò di essersi conquistato questa libertà come pochi altri avrebbero saputo fare, che nessuno poteva mettergli un dito addosso o cacciarlo via, e neanche rivolgergli la parola, ma – e quest'altra convinzione era perlomeno altrettanto forte – era come se allo stesso tempo non ci fosse niente di più insensato, di più disperato di questa libertà, di questa attesa, di questa invulnerabilità.[282]

Più avanti, recandosi da Amalia, pensa con rammarico che sarebbe bastato superare la prima notte tranquillo per infiltrarsi meglio nel villaggio come lavoratore di passaggio; e ciò rivela fino a che punto sia fitto il gioco di menzogne fra lui e il castello. Forse ha mentito fin da subito dicendo di essere un agrimensore per vedere come avrebbero reagito le autorità.

Del resto il compito che si è prefisso, qualunque esso sia in realtà, si scontra contro due forze immense: da un lato il castello e dall'altra il villaggio, in cui è mal tollerato da forestiero qual è, oggetto di perenne diffidenza: in questo senso potere e sottoposti sono tutt'uno. L'ostessa Gardena lo dice con chiarezza: «Lei non è del castello, non è del villaggio, lei non è niente. Ma purtroppo lei è comunque qualcosa, lei è uno straniero».[283]

Ma K. non è solo, anzi.

[282] Ivi, p. 1057.
[283] Ivi, p. 961.

7. *Gli inconvenienti dell'amore. Sul* Castello *(II)*

In un passo del suo straziante *Diario di un dolore*, C.S. Lewis teme la presenza di un Dio molto diverso da quel che pensiamo, una sorta di sadico cosmico; il giorno dopo si corregge e dice di aver tracciato il ritratto di un conoscente – ingrandito a dismisura – di cui però lamenta l'incapacità di «fare una battuta, fare un inchino, fare penitenza, fare amicizia»:[284] le virtù che rendono umani espresse in poche parole. Ecco: che si presuma o meno una divinità malevola, nel mondo di Kafka non c'è quasi umanità in tale senso istintivo del termine: nessuno è capace di chiedere scusa o stringere vera amicizia; di rado compaiono sentimenti di mitezza o persino di semplice urbanità: abbondano invece cupidigia, paura e inganno.

Eppure nel *Castello* spunta per la prima e ultima volta, torreggiante su ogni altra considerazione, l'amore. Comincia in maniera rapidissima e un po' volgare, come fra due attori che recitano male e come già abbiamo visto accadere nei romanzi precedenti: K. seduce l'ostessa Frieda alla mescita della Locanda dei Signori, per poi rotolarsi con lei a terra; ma la miseria dell'ambiente fa da con-

[284] C.S. Lewis, *Diario di un dolore*, traduzione di A. Ravano, Adelphi, Milano 1990, p. 38.

trasto a una scena stupenda, dove le emozioni rilucono con un trasporto e un desiderio del tutto nuovi in Kafka:

«Mio amato! Mio dolce amato!» sussurrava, ma non toccò K. neppure con un dito, come svenuta d'amore se ne stava appoggiata sulla schiena e allargava le braccia, aveva certo un tempo infinito per il suo felice amore, più che cantare singhiozzò una qualche piccola canzone. Poi balzò su spaventata perché K. rimaneva silenzioso nei suoi pensieri, e cominciò a tirarlo come una bambina: «Vieni, qua sotto si soffoca», si abbracciarono, quel piccolo corpo bruciava fra la mani di K., si rotolarono in uno stato d'incoscienza dal quale K. cercava continuamente di uscire senza riuscirci, qualche passo più in là sbatterono con un tonfo sordo contro la porta di Klamm e rimasero poi stesi fra le piccole pozzanghere di birra e in mezzo all'altra immondizia che copriva il pavimento. Là passarono ore, ore in cui misero in comune il respiro, in comune i battiti del cuore, ore nelle quali K. aveva continuamente l'impressione di smarrirsi o di essere in un paese straniero tanto lontano che mai prima di lui un uomo era stato lontano così, un paese straniero dove neppure l'aria aveva qualche elemento in comune con quella della sua patria, dove si soffocava per il senso di estraneità e dove malgrado le sue insensate attrattive non si poteva far altro che andare più lontano, perdersi più lontano.[285]

[285] F. Kafka, *Il castello*, cit., p. 951.

Questa passione sorprende K., che forse aveva pianificato di sedurre Frieda solo per avvicinarsi a Klamm, di cui è l'amante; è dunque «un consolante riemergere alla chiarezza» quando sente chiamare la ragazza; ma lei rifiuta e lui, che pur desidera spingerla dal funzionario, «non riuscì a dire niente, era fin troppo felice di tenere Frieda nelle sue mani, troppo felice e ansioso al tempo stesso, perché gli sembrava che se Frieda lo avesse lasciato anche tutto quel che aveva lo avrebbe lasciato insieme a lei».[286]

Nel capitolo successivo ci sarà un'altra magnifica scena di sesso, stavolta struggente perché il trasporto sembra ormai smarrito e i due non si capacitano; ma l'amore fra loro perdurerà, e ritengo che questo aspetto sia stato ampiamente sottovalutato nelle analisi del *Castello*. Guardando la sostituta di Frieda alla mescita, Pepi, e pensando che potrebbe sedurla a sua volta per avere nuovi contatti con i signori del castello, K. si domanda se con Frieda non sia andata proprio così; e si risponde che era stato diverso, eccome. «Bastava pensare allo sguardo di Frieda per rendersene conto. K. non avrebbe mai toccato Pepi con un dito».[287] In effetti avere Frieda al suo fianco non lo aiuta affat-

[286] Ibidem.
[287] Ivi, p. 1047.

to, anzi: l'amore complica il desiderio di K., teso verso Klamm e il castello.

Quando Frieda ritiene che sia stato proprio Klamm – il quale assume qui poteri quasi sovrannaturali – a farli incontrare sotto il bancone, aggiunge che quell'ora deve essere benedetta e non maledetta; e K. chiude gli occhi sopraffatto dalla dolcezza delle parole, «per lasciarsene penetrare».[288] I due non perdono occasione di accarezzarsi, tenersi per mano, essere solleciti l'uno con l'altra. A un certo punto Frieda rivolge a K. una delle dichiarazioni d'amore più belle della storia della letteratura:

è proprio ciò di cui sto parlando, ciò che mi rende infelice, che mi tiene lontano da te, mentre non posso immaginarmi felicità più grande di stare con te sempre, senza interruzioni, senza fine, mentre io sogno che non ci sia al mondo un posto tranquillo per il nostro amore, non al villaggio e nemmeno altrove, e perciò mi immagino una tomba stretta e profonda dove possiamo stare abbracciati come in una morsa, io nascondo in te il mio viso e tu il tuo in me, e nessuno ci vedrà mai più.[289]

L'idea che Kafka aveva della tomba – un posto dove scrivere da soli – si rovescia in una splendida, per quanto tragica, immagine d'affet-

[288] Ivi, p. 965.
[289] Ivi, p. 1109.

to: un posto per due. Durante la conversazione seguente, K. afferma dunque che sceglierebbe comunque Frieda anche se messo alle strette. E verso la fine, quando lei ha ormai lasciato il protagonista e Pepi insinua che abbia mentito fin dall'inizio, gettandosi fra le braccia di K. soltanto per tornare alla mescita con prontezza, l'agrimensore non le crede. La ragione dell'abbandono è più semplice, come lui stesso ammette: l'ha trascurata.

Questa coppia persa in un villaggio di persone diffidenti e impaurite ha certamente qualcosa di incantevole: ma Kafka è un artista troppo grande per non gettarvi un'ombra. Tutto il romanzo è pervaso da una costante tensione sessuale, fortemente patriarcale e predatoria; e la stessa Frieda, personaggio magnifico, conserva un margine di ambiguità: aver perso Klamm è per lei anche una sventura, poiché significa aver perso una protezione di grandissimo rilievo. Nel quarto capitolo, durante una conversazione a tre con Frieda e l'ostessa che lo detesta, K. afferma risoluto di voler sposare la ragazza; e lei, piangendo si domanda: «Perché io? Perché sono stata scelta proprio io per questo?». La domanda è talmente repentina che sia K. che l'ostessa, nemici giurati, domandano insieme: «Come?»; e Frieda reagisce precipitandosi tra le braccia di K. che le accarezza i capelli con entrambe le mani.[290]

Frieda potrebbe essere solo confusa e stordita dall'avvicendarsi così rapido degli eventi; ma quella espressione – «sono stata scelta proprio io» – ricorda più che altro un sacrificio impostole dall'alto, per sviare K. – ricorda l'amarezza di Gesù nell'Orto degli ulivi. Che sia tutto un inganno pianificato?

Nel terzultimo capitolo K. è stato finalmente convocato da Erlanger, segretario di Klamm. Mentre attende davanti alla sua stanza presso la Locanda dei Signori vede Frieda passare con un vassoio e la raggiunge, dicendo all'inserviente che sarebbe tornato subito: per lei rischia addirittura la sua più grande occasione. La ragazza lo guarda stupita e gli passa una mano sulla fronte e sulla guancia, come a rievocarlo. L'amore perdura, nonostante Frieda ora stia con l'ex aiutante Jeremias e incolpi K. di aver arso la loro felicità. L'agrimensore replica con tatto: spiega che nei compiti di Jeremias c'era anche la distruzione del loro rapporto, un rapporto dove lui ha soltanto preso senza dare molto. Frieda, consolata,

aveva appoggiato la testa sulla spalla di K., intrecciando le braccia camminavano su e giù in silenzio. «Eppure», disse Frieda lentamente, con calma, quasi co-

[290] Ivi, p. 959.

moda, come se sapesse che il riposo sulla spalla di K. le sarebbe stato concesso per brevissimo tempo e volesse gustarselo fino all'ultimo, «eppure se ce ne fossimo andati subito quella notte potremmo essere al sicuro da qualche parte, sempre insieme, la tua mano sempre abbastanza vicina da poterla afferrare; quanto ho bisogno della tua vicinanza, quanto mi sento abbandonata senza la tua vicinanza da quando ti conosco. Credimi, la tua vicinanza è l'unico sogno che io sogno, non ne ho altri».[291]

Le belle parole sono troncate dall'apparizione di Jeremias alla porta della loro camera, al che Frieda cambia improvvisamente atteggiamento. Accusa K. di perseguitarlo, grida che non tornerà mai più con lui – «poi la porta si chiuse».[292] L'ennesima porta, l'ennesimo no.

Poi nel romanzo cala il silenzio. La tenerezza è irrevocabilmente bandita. I signori si sono addormentati e K. è sfinito; torna da Erlanger ma non lo trova, quindi decide di bussare a una stanza a caso e sveglia Bürgel, segretario di Friedrich. Sono le quattro di notte e in quest'ora nerissima avviene una fenomenale *mise en abyme*. Bürgel si dice disposto a seguire il caso di K., benché questi non si faccia impressionare e trovi il tutto piutto-

[291] Ivi, p. 1299.
[292] Ivi, p. 1301.

sto dilettantesco; ma è proprio quest'aria dilettantesca, giocosa e infantile, a essere il sigillo della verità: d'altro canto, ogni strada formale si è rivelata un vicolo cieco.

Mentre K. combatte contro il sonno la voce suadente del segretario spiega che le audizioni notturne sono ben accette nella pratica ma avverse ai signori, perché la facoltà di giudizio patisce gli effetti della notte: la barriera tra parti e funzionari si indebolisce, alle parti sono concessi vantaggi immeritati. E c'è una possibilità molto rara di sfruttarli, così rara da non presentarsi quasi mai: entrare nottetempo nella stanza senza preavviso, purché si trovi il segretario competente.

K. ormai vuole solo dormire, ma sta per giungere la fatale conclusione: l'eventualità che una parte sorprenda di notte un segretario con qualche conoscenza relativa al proprio caso. «Lei crede che non possa succedere?», prosegue garrulo Bürgel. «Ha ragione, non può succedere. Eppure una notte – chi può farsi garante di ogni cosa? – magari succede». Certo è una cosa «avvenuta solo per sentito dire»[293] – come la vera assoluzione nel *Processo* – ma è proprio quel che sta accadendo ora a K., che invece di cogliere l'attimo si addormenta davvero. Viene svegliato da alcuni colpi e da una vo-

[293] Ivi, pp. 1321-1323.

ce. Bürgel gli dice che si tratta di Erlanger – era nella stanza accanto! – e invita K. ad andare senza scusarsi della sonnolenza; del resto, sottolinea, l'energia fisica

arriva solo fino a un certo punto, non ci si può fare niente se proprio quel punto è del resto così importante. No, non può farci niente nessuno. È così che nella sua corsa il mondo corregge se stesso e mantiene l'equilibrio. Questa è davvero una disposizione meravigliosa, e meravigliosa in modo sempre imprevedibile, ma anche per altri versi sconfortante.[294]

«Sconfortante», *trostlos*: la stessa parola che compare in un fulminante aforisma dei *Quaderni in ottavo* – *Das Gute ist in gewissem Sinne trostlos*, «Il bene è in un certo senso sconfortante». L'abbandono delle forze fisiche è naturale e il mondo si corregge, fagocitando K., e ciò è bene perché viene garantito l'equilibrio: ma il meccanismo resta motivo di sconforto. In questo passaggio decisivo la Legge, l'Ordine, sono nudi come non lo erano mai stati: necessari ma non veri, per citare le parole del prete nel *Processo*; perfetti e ingiusti al contempo.

Così K. fallisce. Tuttavia è importante riconoscere come tale sconfitta sia dovuta anche ai tu-

[294] Ivi, p. 1327.

multi della passione: e se Frieda ha ragione nel dire che Klamm è responsabile del loro rapporto, allora il castello ha pensato davvero a tutto. Invece di combattere l'agrimensore sul suo terreno ha favorito la crescita dell'unico sentimento cui non era pronto, cui nessuno è pronto, per fiaccarlo e corromperne la volontà. Fallire per amore: molto kafkiano, nel senso più alto del termine.

Ultimi fuochi

1. *Difficoltà e specificità*

George Steiner ha chiamato «ontologico» il tipo di difficoltà in letteratura quando il contratto tra fruitore e opera viene rotto: un'impasse che pone domande irrisolvibili sulla natura del significato e del discorso umano. Simili difficoltà sono sorte in particolare nella letteratura europea di fine Ottocento e inizio Novecento, e la loro presenza è una questione «assolutamente fondamentale» per l'intera cultura occidentale moderna.[295]

La problematicità del testo kafkiano, nonostante la sua superficie limpida, sembra essere di questo genere. Sappiamo che c'è un punto contro il quale i lettori cozzano e non possono avanzare oltre: non sapremo mai cosa desideri realmente K. o perché Gregor Samsa sia diventato un insetto; e in punto di illuminante chiarezza meta-narrati-

[295] Cfr. G. Steiner, «On Difficulty», *The Journal of Aesthetics and Art Criticism*, vol. 36, no. 3 (Spring, 1978), pp. 263-276.

va, il prete del *Processo* riporta a Josef K. l'opinione dei commentatori alla leggenda, per cui «comprendere correttamente una cosa ed equivocarla non si escludono del tutto a vicenda».[296]

Tale abbraccio della contraddizione sembra segnalare una tragedia della ragione e insieme la forma più pura del potere quale violenza. Lo scontro fra due logiche è inaccettabile dal punto di vista concettuale ma materialmente risolvibile quando si pone una costrizione superiore a esse tanto nel mondo di Kafka quanto nel mondo reale: la forza. Se tu protesti in nome del principio di non contraddizione, posso sempre zittirti con una bastonata, o umiliandoti, o persino eliminandoti: di fronte alla violenza non c'è paradosso che tenga.

Meglio però non generalizzare. Per l'epoca in cui Kafka scriveva è divenuto comune parlare di *Sprachkrise*: a cavallo dei due secoli una serie di pensatori e artisti di area austriaco-tedesca prese a dubitare che la realtà fosse rappresentabile oggettivamente attraverso la lingua. Un'Europa centrale preda dei nazionalismi prima e di una guerra atroce poi si trasformò dal regno della civiltà post-illuminista in una terra di negatività e insensatezza, dove il linguaggio perse il suo carattere mimetico e il suo essere veicolo di sviluppo razionale.

[296] F. Kafka, *Il processo*, cit., p. 787.

Ciò condusse a esiti di vario genere, dalla *Lettera di Lord Chandos* di Hofmannsthal al *Tractatus logico-philosophicus* di Wittgenstein, dall'opera di Rilke al nominalismo scettico di Fritz Mauthner, per sfociare poi nelle avanguardie.[297]

In una famosa conferenza del 1985 Steiner ribadì l'esistenza di un campo di critica culturale centro-europea e giudaica che «denuncia l'inadeguatezza del linguaggio, non soltanto strumento di menzogne politiche e sociali, ma di una barbarie potenziale»: e, come da vulgata, vi pose Kafka insieme a Hoffmansthal, Wittgenstein, Mauthner, Kraus e altri. A suo giudizio tutti questi autori «dicono l'impossibilità per l'uomo di esprimere con parole sue le verità più intime» – come se «il *Logos*, l'organo del linguaggio, ci si fosse spezzato in bocca».[298]

Simili ricostruzioni sono molto suggestive, ma tendono a voler spiegare troppo e così facendo smarriscono per strada alcune sfumature. Per quanto esistano senz'altro somiglianze di famiglia tra i nomi citati, Kafka mi pare un caso assolutamente specifico (al pari di Wittgenstein, peraltro). Abbiamo

[297] La bibliografia è sterminata: cfr. ad esempio M. King, *Sprachkrise*, in H. Feger (ed.), *Handbuch Literatur und Philosophie*, J.B. Metzler, Stuttgart 2012, pp. 159-177, e S. Weller, *Language and Negativity in European Modernism*, Cambridge University Press, Cambridge 2018.

[298] G. Steiner, *Vere presenze*, in *Nessuna passione spenta. Saggi 1978-1996*, traduzione di C. Béguin, Garzanti, Milano 2001, pp. 31-32.

verificato come la sua opera sia composta da strappi assai violenti nel tessuto narrativo tradizionale: buchi logici, dialoghi che girano in tondo, alterazioni dello spazio e del tempo; ma l'altissima investitura che riceve la parola – l'idea stessa di una scrittura che persegua la verità – è quanto di più lontano dalle derive scettiche. Ricorrere in automatico al concetto di *Sprachkrise* non illumina la singolarità kafkiana, anzi la annacqua.[299]

Sappiamo ad esempio che Kafka aveva gusti letterari classici: in una lettera a Felice Bauer cita Grillparzer, Dostoevskij, Kleist e Flaubert come suoi «veri e propri consanguinei»,[300] e conosciamo la sua ammirazione per Goethe. La rottura prodotta nel campo del romanzo non ha dunque a che fare con la sperimentazione linguistica: Kafka aveva intuito il fiato corto di simili imprese. La sua prosa offre invece con assoluta chiarezza un gomitolo intricatissimo: i riferimenti semantici e i punti d'orientamento che davamo per scontati vacillano, senza per questo affogare nel non-senso o corteggiare l'oscurità fine a se stessa.

[299] Ma per un approccio diverso, in particolare sul rapporto Kafka/Wittgenstein, vedi K. Zumhagen-Yekplé, «The Everyday's Fabulous Beyond: Nonsense, Parable, and the Ethics of the Literary in Kafka and Wittgenstein», *Comparative Literature* 64:4, 2012, pp. 429-445 e R. Schuman, *Kafka and Wittgenstein. The Case for an Analytic Modernism*, Northwestern University Press, Evanston 2015.

[300] F. Kafka, *Lettere a Felice*, cit., p. 471.

In particolare, il terremoto operato da Kafka produce esiti assai più devastanti di ogni modernismo perché volge lo sguardo *all'indietro*: verso un cosmo antichissimo di relazioni di sangue e mito. Se la parola «legge» assume una tonalità spettrale è in primo luogo perché si riappropria di sensi che il mondo secolare aveva sepolto. Siamo nel fitto di una foresta incantata, e il tardo Kafka porterà tale atteggiamento all'estremo – riflettendo sul fenomeno da egli stesso creato. Nei brani della serie *Egli* prende definitivamente forma la sua consapevolezza al riguardo, con un fremito di timore sacro in aggiunta:

> Tutto ciò che fa gli sembra straordinariamente nuovo, ma anche in corrispondenza a questa impossibile abbondanza di novità, straordinariamente dilettantesco, forse nemmeno sopportabile, incapace di diventare storico spezzando la catena delle generazioni, interrompendo per la prima volta fino in tutti gli abissi la musica del mondo che finora si poteva almeno intuire. Talvolta nella sua superbia è più in pensiero per il mondo che per sé.[301]

2. *Il tardo Kafka*

Dal 1917 i narratori dei racconti di Kafka forniscono per lo più resoconti o verbali, con nu-

[301] F. Kafka, *Confessioni e diari*, cit., p. 809. La serie risale al 1920.

merosi commenti inseriti nel testo e ragionamenti che si avvitano su se stessi, quasi sempre spogliati di dialogo. Somigliano a perplessi cronisti medievali alle prese con un fatto tramandato da fonti ormai perdute, o con la notizia di un viaggio oltremare.

Il primo grande scossone avviene in realtà già nell'autunno del 1916, quando Kafka prende in subaffitto la casa della sorella Ottla in Alchimistengasse: mentre Praga versa in condizioni difficili, a causa della guerra e della morte dell'anziano imperatore Francesco Giuseppe, lui sperimenta febbrilmente nuove forme – e così farà nella primavera successiva in campagna a Zürau, e poi negli anni successivi.

Nei racconti di questo periodo le leggi sono considerate giuste (*Patrocinatori*) oppure il loro occultamento è studiato senza grandi passioni (*La questione delle leggi*). L'esotismo assume una certa rilevanza: compaiono le «cineserie», costruzioni di un Oriente immaginario, evocato per il suo aspetto remoto e la sua possibilità di estendersi quasi all'infinito – «il *luogo* privilegiato dello *spazio*», come scrisse Foucault citando un racconto di Borges, ma l'idea calza ancor meglio a Kafka: «uno spazio solenne, interamente sovraccarico di figure complesse, di sentieri aggrovigliati, di siti strani, di passaggi segreti e di comunicazioni impreviste».[302] Il risultato è *Durante la costruzione della muraglia cinese*, o il celebre *Messaggio dell'imperatore*.

Il mutamento si fa via via più evidente negli ultimi anni di vita. Tolto lo stupefacente assalto al romanzo del *Castello*, il Kafka più tardo libera una nuova voce: un narratore senza nome, con una tonalità fra il trasognato e il rassegnato, che medita sopra un mondo ormai immutabile: spenti i furori dei racconti precedenti e i drammi che accompagnano *Il disperso* e *Il processo*, ora tutto si è come raggelato.

Certo il panorama dei personaggi diventa più vario: compaiono animali e artisti (acrobati, digiunatori, cantanti) ma soprattutto c'è spesso qualcuno che *scrive*: scrive il cacciatore Gracchus sospeso fra vita e morte, scrivono il maestro e il commerciante del *Maestro del villaggio*, scrive lo scapolo Blumfeld e scrive Poseidone, uno scrittore parla della *Questione delle leggi* e così via. La parola si ripiega su se stessa: la soggettività del protagonista, che ancora aveva un ruolo paragonabile, seppure già distante, a quello del racconto tradizionale, è ora messa da parte.

[302] M. Foucault, *Le parole e le cose. Un'archeologia delle scienze umane*, con un saggio critico di G. Canguilhem, traduzione di E. Panaitescu, Rizzoli, Milano 2010, pp. 8 e 9 rispettivamente. Robertson aggiunge che in tedesco l'aggettivo «cinese» poteva significare «tagliato fuori», e che Otto Weininger aveva tracciato un parallelismo fra ebrei e cinesi (cfr. R. Robertson, *Kafka: Judaism, Politics, and Literature*, cit., p. 175).

Nel suo progettato saggio su Beethoven Adorno identificò vari caratteri dello «stile tardo» (*Spätsstil*): la ribellione «contro ciò che non è puramente e oggettivamente necessario», l'uso delle convenzioni come «espressione nella nuda rappresentazione di se stesse», la presenza dell'allegorico e una spiritualizzazione del materiale musicale, per cui è come se il creatore si ritirasse dalla musica stessa «e, lasciando l'apparire a se stesso, lo facesse parlare veramente».[303]

Il concetto di stile tardo non va preso quale ovvietà: come tutti i termini circonfusi di fascino rischia di mutarsi in un *passe-partout* che alla fine dei conti non spiega molto. Ciò detto le indicazioni di Adorno valgono anche per il Kafka degli ultimi anni, impegnato in una progressiva sottrazione del materiale usato in precedenza, per raggiungere uno stato di frugalità narrativa dove appaia l'essenziale: la domanda nuda, l'enigma nudo.[304]

[303] T.W. Adorno, *Beethoven. Filosofia della musica*, a cura di R. Tiedemann, traduzione di L. Lamberti, Einaudi, Torino 2001, rispettivamente pp. 188, 178 e 264.

[304] Nel 2011 è uscito un numero monografico di *Monatshefte* intitolato appunto «Kafkas *Spätstil* / Kafka's Late Style». Nell'introduzione Stanley Corngold elenca i tratti di questo periodo: l'emergere di protagonisti femminili, l'impersonalità, il moltiplicarsi delle focalizzazioni e dei passaggi riflessivi, la presenza di artisti. Il lettore zelante darà comunque un'occhiata anche a S. Rebora-M. Salgaro, «Is "Late Style" measurable? A stylometric analysis of Johann Wolfgang Goethe's, Robert Musil's, and Franz Kafka's late works», *Elephant & Castle*, no. 18, novembre 2018, pp. 4-39.

Va aggiunto che questo Kafka non vaga in una dubbiosa maturità avanzata o vecchiaia: è un uomo di nemmeno quarant'anni su cui tuttavia pende una precisa condanna a morte. E ciò nonostante lo *Spätsstil* kafkiano non è greve o disperato; nonostante l'apparenza meditabonda resta vitale e in certi punti si dota di un umorismo ancor più leggiadro.

Nei paragrafi che seguono parlerò innanzitutto dei miei due racconti preferiti di questa fase: *Un digiunatore*, pubblicato nel 1922, e *Josefine la cantante ovvero Il popolo dei topi*, edito nell'aprile 1924 con una certa fretta per avere qualche soldo da spendere in cure mediche. I testi verranno poi raccolti in un piccolo libro, corretto in bozze da Kafka sul letto di morte.

3. *Dialettica d'arte:* Un digiunatore *e* Josefine

Il digiunatore è più precisamente «un artista del digiuno» (o della fame), *ein Hungerkünstler*; e non si tratta di un dettaglio marginale. Il racconto si svolge per gran parte in flashback: come nella *Colonia penale* c'è il rimpianto di un tempo migliore, quando tutta la città si dedicava allo spettacolo della fame auto-indotta e prolungata. All'epoca i guardiani fissi, quasi sempre macellai, sorvegliavano il nostro artista chiuso in gabbia senza cibo; ma era una formalità perché egli non avrebbe mai mangiato – appunto «l'onore della sua arte glielo proibiva».[305]

Del resto nessuno poteva passargli accanto ogni notte e giorno, dunque i sospetti restavano; ma a lui poco importava. Al termine dei quaranta giorni previsti dallo spettacolo una banda suonava e due giovani donne lo estraevano dalla gabbia per offrirgli un pranzo da degenti, provocando la sua massima infelicità: avrebbe potuto digiunare ancora, se solo il pubblico avesse avuto sufficiente pazienza; dopo una lunga, splendida frase punteggiata di incisi il protagonista ammette di essere l'unico scontento dello show – e tanto più triste perché nessuno sapeva prenderlo sul serio.

Ma ora le mode sono cambiate. Il digiunatore si ritrova abbandonato dalla folla; congeda l'impresario, si fa ingaggiare da un grande circo e non obietta all'alloggio sgradevole, accanto agli animali: libero dal condizionamento del pubblico può infine digiunare quanto vuole, senza controllo esterno, per la pura soddisfazione artistica in sé. Quando muore, nel suo sguardo c'è ancora «la determinazione risoluta, anche se non più orgogliosa, di continuare a digiunare».[306] Anche in questo

[305] F. Kafka, *Un digiunatore*, in *Tutti i romanzi. Tutti i racconti e i testi pubblicati in vita*, cit., p. 1817.

[306] Ivi, p. 1831.

caso, come nella *Metamorfosi*, la focalizzazione subisce uno scarto nel finale: la narrazione sopravvive al protagonista, e al suo posto nella gabbia viene messa una pantera traboccante di vitalità.

In *Josefine la cantante* invece incontriamo un narratore che parla al plurale, tecnica già usata in precedenza dal tardo Kafka.[307] Qui è il *Volk* stesso dei topi a comunicare attraverso di lui, per commentare un'incredibile eccezione: Josefine, appunto, il solo membro della razza ad amare la musica e a produrne. A dire il vero il suo canto non è nulla di che; anzi è un semplice fischio, ancor meno robusto del normale verso topesco: ma se così è «resterebbe ancora da spiegare l'enigma della sua grande efficacia».[308]

L'analisi di tale successo procede a blocchi di riflessioni giustapposti: dal punto di vista tecnico il racconto ruota su se stesso attorno a una sequenza di *ma*, mezzo che Kafka ha usato ampiamente in precedenza e che qui sfrutta con magistrale noncuranza sino alle estreme conseguenze. Avendo fatto piazza pulita del regno umano la medita-

[307] Come ha osservato Jost Schillemeit, il «noi» è introdotto per la prima volta nel racconto *Un nuovo avvocato*, pubblicato in rivista già nel settembre 1917: cfr. la nota di Crescenzi in F. Kafka, *Un medico di campagna*, a cura di L. Crescenzi, Mondadori, Milano 2023, p. 101.

[308] F. Kafka, *Josefine la cantante, ovvero Il popolo dei topi*, in *Tutti i romanzi. Tutti i racconti e i testi pubblicati in vita*, cit., p. 1837.

zione può scorrere libera e priva di qualsiasi riferimento culturale: di fatto, il popolo dei topi non pensa ad altro che a riprodursi con la massima rapidità e sopravvivere.

Su questo sfondo si susseguono le avversative: la flebile voce di Josefine lascia che i topi, miracolosamente, sprofondino in un sentimento di unità, specie nelle situazioni di emergenza: *ma* Josefine non ne sarebbe soddisfatta; il popolo è pervaso da una certa infantilità che subisce il fascino del canto: *ma* è anche molto anziano, troppo per la musica; *ma*, infine, ai concerti di Josefine, nelle pause fra le dure lotte per la sopravvivenza, esso sogna, riposa, e

> il fischio di Josefine [...] qui è al posto suo come da nessun'altra parte, qui la musica trova, come forse mai prima, il momento che l'attende. C'è dentro qualcosa della breve e povera infanzia, qualcosa della felicità perduta e che mai si ritroverà, ma anche qualcosa della vita operosa di oggi, della sua allegria modesta, incomprensibile e tuttavia presente, insopprimibile. [...] Il fischio è la lingua del nostro popolo, solo che uno magari fischia tutta la vita e manco lo sa, qui invece il fischio è libero dalle catene della vita quotidiana e per un momento libera anche noi.[309]

Ma ciò non implica che Josefine infonda nuove forze nella massa come lei ritiene. Nel momento

[309] Ivi, p. 1851.

del pericolo il suo canto può attrarre il nemico, benché lei disponga – un caso assolutamente singolare per l'uniforme comunità dei topi – anche del posto più sicuro: *ma* questo non significa che la topina sia fuori dalla legge. E così via.

Il digiunatore e Josefine sono entrambi *performer*: la loro arte è espressa in diretta e almeno parzialmente improvvisata, a differenza della scrittura; in particolare non può essere interrotta e ripresa. E se la cantante mira a una soddisfazione personale ammantata di vanità, il digiunatore incarna (è il caso di dirlo) lo stato di scrittura che Kafka aveva idealizzato – uno stato di continua produzione artistica, protratto fino alla consunzione.

A un primo sguardo i due sembrano dunque esibire modi opposti di vivere la creazione: per sé o per altri, come vanità o verità. Ma in entrambi i casi le cose non sono come sembrano. Con una tipica capriola kafkiana, il digiunatore rivela la comica impurità delle sue intenzioni: semplicemente non trovava alcun cibo che gli piacesse, altrimenti avrebbe mangiato come tutti: è una messa in ridicolo dell'ascetismo. Invece la capricciosa Josefine mostra una profonda per quanto inconsapevole intuizione della potenza della dimensione estetica.

Di fatto la topina ha trasformato i versi in arte, liberandoli «dalle catene della vita quotidiana» e mostrandone un uso nuovo, capace persino di affrancare il popolo stesso: un popolo che la apprezza e difende ma senza comprenderla davvero. L'emersione del singolo in una comunità omogenea – per la prima volta un singolo non punito bensì amato e protetto! – è un caso meraviglioso ma anche, di fondo, inaccettabile e male inteso: per quanto Josefine possegga qualità uniche, la sua carica profetica (o se vogliamo ironicamente messianica) cade nel vuoto.[310]

Sia la topina che il digiunatore pensano che il mondo debba loro la massima attenzione, ed entrambi falliscono. La dialettica dell'ultimo Kafka è tutta qui, una strettissima via fra questi due curiosi artisti; e forse possiamo cedere per una volta alla tentazione biografica: spogliata dell'arroganza, la piccola Josefine somiglia al Kafka che la plasmava, in quei mesi conclusivi di vita, ridotto al silenzio o quasi dalla laringe infetta: come lei ha usato un mezzo comune e ricevuto, la lingua tedesca, piegandolo a scopi altri.

E come nel finale Josefine scompare, anche Franz ormai è sul punto di andarsene, lasciando che il po-

[310] «The issue is not whether Josefine saves or betrays the pack but whether the concept of salvation has any significance at all for a fatalistic folk who survive not because they change the course of events, but because their exceptional fertility neutralizes their exceptional mortality» (M. Norris, «Kafka's Josefine: The Animal as the Negative Site of Narration», *MLN*, vol. 98, no. 3, German Issue, April 1983, p. 372).

polo continui per la sua strada, diretto verso l'oblio che lo contraddistingue: senza storia né memoria, capace di salvarsi ottusamente da solo, pronto a dimenticare quel dono inestimabile. Allora la topina,

redenta dalle pene terrene secondo lei riservate agli eletti, si perderà lieta nella folla innumerevole degli eroi del nostro popolo, e presto, dato che non ci occupiamo di storia, in una superiore redenzione sarà dimenticata come tutti i suoi fratelli.[311]

4. *La via del deserto*

Raoul Hausmann incontrò Kafka a Berlino nel 1923, e nei suoi ricordi gli attribuisce una frase significativa: «forse l'uomo è il prigioniero di una casa paterna. Io ho visto questa cosa e mi sono ribellato al Golem, all'uomo nero, all'eterno erede delle antiche leggi».[312]

Al padre si ribellò – scrivendo senza spedire la lettera d'accusa: e già questo dice molto della qualità finzionale della rivolta – ma ne cercò pure l'approvazione e l'amore, incapace di recidere davvero il legame; e alla sua legge si sottopose in parte fin quasi alla fine dei suoi giorni, pur non traen-

[311] F. Kafka, *Josefine la cantante*, in *Tutti i romanzi. Tutti i racconti e i testi pubblicati in vita*, cit., p. 1861.

[312] H.-G. Koch (a cura di), «*Quando Kafka mi venne incontro...*», cit., p. 310.

done la linfa vitale che da essa sgorgava – l'appartenenza a una *Heimat*.

Finora ho insistito soprattutto sugli aspetti materiali e narrativi della prosa; è tempo di rammentare a me stesso i limiti del principio di Kundera («C'è solo un modo per capire i romanzi di Kafka; leggerli come si legge un qualsiasi romanzo») e considerare il lato spirituale.

Kafka nacque e crebbe in un ambiente ebraico; tutti i suoi amici erano ebrei, così come due delle sue tre fidanzate: eppure sappiamo che la parola «ebreo» non compare mai nei suoi testi letterari. Già Mittner spiegava come tale aspetto vada inteso senza caratteri storici o locali: è più che altro una *forma mentis*, «la sottigliezza appassionata e cavillosa del casista etico-giuridico, talmudista o avvocato, che nella vita vede una rete inestricabile, un labirinto di possibilità opposte».[313]

In effetti il singolare amalgama kafkiano di secolarismo e misticismo produce risultati sorprendenti. Nei *Diari* descrive il fallimento di Mosè, incapace di giungere a Canaan, come un fallimento comu-

[313] L. Mittner, *Kafka senza kafkismi*, cit., p. 275. Vedi anche fra i moltissimi il già citato R. Robertson, *Kafka: Judaism, Politics and Literature*; G. Baioni, *Kafka: letteratura ed ebraismo*, Einaudi, Torino 1984; H.L. Parmet, «The Jewish Essence of Franz Kafka», *Shofar*, vol. 13 no. 2 (Winter 1995), pp. 28-43; D. Miron, *The Animal in the Synagogue. Franz Kafka's Jewishness*, Lexington Books, London 2019.

ne, dovuto non alla brevità della sua vita ma al fatto che era una vita umana; e si spinge a paragonarlo empiamente al finale dell'*Educazione sentimentale*, quando Moreau e Deslauriers rievocano un buffo episodio della loro giovinezza in un bordello, commentando che è quanto hanno avuto di meglio.[314]

Di fatto il modo in cui Kafka rielaborò la sua tradizione è innanzitutto una sfacciata rivolta alla tradizione stessa. Jahveh strinse un patto con il suo popolo, non con il singolo: nel mondo kafkiano invece il singolo ha un ruolo fondante, figlio dell'individualismo del romanzo europeo, ma è messo davanti a prove insormontabili dall'aura antichissima – vere e proprie imprese bibliche. Privo di comunità, l'eroe kafkiano è perduto; la sola speranza rimasta è restituire linfa alla centralità della parola tipica dell'ebraismo, ma privandola dei cascami patriarcali.

Come osserva Steiner, l'abitazione assegnata per incontrare la Torah è la Casa del Libro: ma allo stesso tempo «la centralità del libro, senza dubbio, coincide con la condizione di esilio e la rappresenta».[315] Pertanto:

Secondo un'intuizione cabalistica e chassidica, il male si è infiltrato nel nostro mondo attraverso la fessu-

[314] Cfr. F. Kafka, *Confessioni e diari*, cit., pp. 598-599.
[315] G. Steiner, *La nostra terra, il testo*, in *Nessuna passione spenta*, cit., p. 222.

ra capillare di una lettera errata; la sofferenza dell'uomo, e dell'ebreo in particolare, è nata dalla trascrizione sbagliata di una sola lettera o parola quando Dio dettò la Torah al suo scriba eletto.[316]

Kafka lavorò l'intera vita per emendare l'errore. Il suo ebraismo secolarizzato sta nell'invertire il movimento mosaico: non dirigersi verso Canaan bensì spingersi più a fondo nel deserto, nell'isolamento, lontanissimo dall'«ebraismo come potere» incarnato dai boriosi *zaddikim*, nella terra notturna da lui idealizzata e che sola poteva recare un brano di verità.[317]

Così Blanchot:

La migrazione ha per meta il deserto, ed è la vicinanza del deserto che è ora la vera Terra Promessa. [...] E tuttavia, in quella regione dove mancano le condizioni per un vero soggiorno, dove bisogna vivere in una separazione incomprensibile, in una esclusione dalla quale si è in qualche modo esclusi come si è esclusi da se stessi, in quella regione dell'errore perché non vi si fa nient'altro che errare senza fine, sussiste una tensione, la possibilità stessa d'errare, d'andare fino in fondo all'errore, di avvicinarsi al suo termine, di trasfor-

[316] Ivi, p. 237. E poco prima attribuisce alla vocazione di Kafka una testualità e precisione «estatiche».

[317] Prendo la scoperta dell'«ebraismo come potere» da G. Baioni, *Kafka: letteratura ed ebraismo*, cit., pp. 153-160.

mare ciò che era un camminare senza meta nella certezza della meta senza cammino.[318]

(Naturalmente ciò vale anche per noi lettori. Nell'opera di Kafka non si può dimorare comodamente).

Ora questo vagare, questo disincanto nei confronti del mondo – che pure lo seduceva e nel quale viveva – è rappresentato dalla contrapposizione fra la verità dell'albero della vita e la verità dell'albero della conoscenza:

> Esistono, per noi, due specie di verità, quali vengono rappresentate dall'albero della scienza e dall'albero della vita. La verità di chi agisce e la verità di chi riposa. Nella prima il bene si distingue dal male, la seconda non è altro che il bene stesso, e ignora sia il bene che il male.[319]

L'albero della vita, la verità di chi riposa, è un bene indistinto che supera le nostre ristrette categorie – quell'amore in cui muoiono verità e menzogna, per dirla con Dylan Thomas. Il veto divino

[318] M. Blanchot, *Da Kafka a Kafka*, cit., p. 93.

[319] F. Kafka, *Gli otto quaderni in ottavo*, cit., pp. 739-740. Forse ricordava la lettura giovanile di Nietzsche: «Verosimiglianza, ma non verità: apparenza di libertà, ma non libertà, – sono questi i due frutti per cui l'albero della conoscenza non può essere scambiato con l'albero della vita» (*Umano, troppo umano. Volume secondo*, cit., p. 135).

all'albero della vita impedisce agli esseri umani di accedere alla forma ultima dell'essere. Fuori dall'Eden, nutriti dai frutti della conoscenza, possiamo imitarlo: scegliere se condurre un'esistenza nel conformismo della Legge ormai logora – così gli abitanti del villaggio nel *Castello*, ma forse persino l'ideale kleistiano di «coltivare un campo, piantare un albero e generare un figlio» – o assumere il rischio dell'eterno pellegrinaggio, come leggiamo nei *Quaderni in ottavo*: «Se tu non avessi domandato saresti tornato in patria, ma la tua domanda ti farà vagare ancora sul grande oceano».[320]

In un altro brano estremamente intenso Kafka addebita il suo fallimento all'assenza «del suolo, dell'aria, della Legge» aggiungendo che deve *crearsi* queste cose – non accedere alla vecchia Legge, punitiva e spaventosa, la Legge che ha rappresentato nei suoi romanzi, ma edificarne una nuova. E in conclusione:

> Non sono stato condotto nella vita dalla mano del Cristianesimo, peraltro già pesantemente in declino, come Kierkegaard, né ho potuto ancora afferrare, come i sionisti, l'ultimo lembo del mantello di preghiera ebraico che già volava via. Io sono fine o principio.[321]

[320] F. Kafka, *Gli otto quaderni in ottavo*, cit., p. 743.

[321] Ivi, pp. 750-751. Ancora nel novembre 1920 scriverà a Jesenská che la sua condizione unica – «il più ebreo e il più occidentale» tra gli ebrei occidentali – comportava che «nulla mi è donato e tutto deve essere acquistato, non solo il presente e l'avvenire, ma anche il passato» (F. Kafka, *Lettere*, cit., p. 875).

Fu entrambi. Il profondo simbolismo di cui è ammantato il linguaggio nella tradizione ebraica, l'idea cabbalistica per cui l'alfabeto sta all'origine dell'essere – e più ancora, che tale mistica sia in primo luogo una mistica della scrittura, risuona senz'altro nelle pieghe della letteratura kafkiana. Si riapre così la questione della *Sprachkrise*, ma in un senso lontanissimo dallo spaesamento di Hofmannsthal:

> A possedere significato, senso e forma non è la parola stessa, ma la *tradizione* della parola, il suo mediarsi e riflettersi nel tempo. [...] La grande crisi del linguaggio che stiamo vivendo consiste allora nel fatto che anche l'ultimo lembo di quel mistero – il mistero che nella lingua aveva un tempo dimorato – ci risulta inafferrabile. I cabbalisti ritenevano che la lingua potesse essere parlata in virtù del Nome che è presente in essa. Ma quale sarà la dignità di un linguaggio dal quale Dio si è ritirato?[322]

Kafka tentò la propria risposta, un rimedio drastico che riporta alla luce strati di coscienza collettiva sepolti dalla modernità. Nell'ultima delle *Dieci tesi astoriche sulla «Qabbalah»* Scholem lo cita appunto come l'autore dove il confine tra religione e nichilismo trova massima espressione: mo-

[322] G. Scholem, *Il Nome di Dio e la teoria cabbalistica del linguaggio*, traduzione di A. Fabris, Adelphi, Milano 1998, p. 89.

tivo per cui i suoi scritti, «possiedono, per alcuni lettori odierni, il nitido splendore dei testi canonici: lo splendore della perfezione infranta».[323]

Cosa resta, allora? La strada che Kafka indica, o meglio si indica – dopotutto i *Quaderni in ottavo* hanno un uso privato, possono essere intesi come esercizi spirituali, non certo quali testi sacri o riflessioni filosofiche compiute – ha come orizzonte una parola, *das Unzerstörbare*, «l'indistruttibile». Il male è strettamente connesso al mutamento continuo, alla metamorfosi e al fluire; in questo universo esiste però un elemento sottratto alla devastazione, che richiama il «vero e immutabile» entro cui Franz voleva sollevare il mondo attraverso la parola. Egli stesso si premura di spogliare il termine da qualsiasi connotazione positiva: anzi, la fede comunemente intesa cela l'indistruttibile in luogo di svelarlo:

> L'uomo non può vivere senza una perenne fiducia in qualcosa d'indistruttibile in lui, la qual cosa non esclude che, sia tale fiducia, sia quell'elemento indistruttibile, gli possano restare perennemente nascosti. Uno dei modi coi quali può esprimersi questo nascondimento è la fede in un Dio personale.[324]

[323] Ivi, p. 102.
[324] F. Kafka, *Gli otto quaderni in ottavo*, cit., p. 723.

L'indistruttibile, prosegue Kafka, è unico e allo stesso tempo comune a ogni essere umano. Sarebbe vano cercare una definizione precisa del termine; tuttavia c'è un altro passo che ne illumina un aspetto – l'umiltà:

> L'umiltà dona a ciascuno, anche al disperato solitario, uno strettissimo contatto con gli altri uomini, e lo dà subito, a patto, s'intende, che l'umiltà sia assoluta e continua. Essa può farlo perché è la vera lingua della preghiera, insieme adorazione e fortissimo legame.[325]

Scorgiamo il nuovo cosmo di verità cui accennavo poc'anzi: non il regno del padre che si erge sulla prevaricazione e la minaccia, ma il regno liberato del figlio, fondato sul riconoscimento dell'altro – sulla mitezza, la libertà, la non-violenza. Addirittura Kafka si spinge a descrivere la possibilità «di essere felici in modo assoluto: credere nell'indistruttibilità in sé e non cercare di aspirarvi».[326] È una saldezza interiore che nessun sacerdote può fornire.

Ebreo occidentale e intriso di scetticismo, Kafka comprese nel corso degli anni che la patria spirituale dell'ebraismo d'Oriente era per lui un miraggio dietro cui si celavano antiche oppressioni; af-

[325] Ivi, p. 749.
[326] Ivi, p. 728.

famato di comunità ma disperatamente intento a difendere la propria solitudine, non aveva più una Terra promessa dove ritornare: soltanto un luogo da cui essere bandito e che lo spingeva nella landa spopolata della scrittura.

Concentrò tutte le sue forze per creare un mondo finzionale non meno crudo, non meno terribile di quello che lo assediava: ma il gesto stesso della creazione gli offrì una garanzia di rinascita.

La sua Terra promessa era la letteratura, e nelle mani di Kafka le lettere dell'alfabeto ebraico, che apprese senza mai usare per le sue opere, come un linguaggio intimo, si arricchiscono di un nuovo destino allegorico. Penso alla *yod*, la più piccola dell'alfabeto, in apparenza fragile e sottovalutata proprio come Franz, e che però è l'iniziale del Nome divino e dunque «simbolo visibile di quel punto originario del linguaggio da cui derivano tutte le altre forme»:[327]

Ma la lettera non è un talismano, portarlo in sé, segretamente o meno, non offre alcuna garanzia contro le sofferenze. Essa è là, semplicemente, nella sua piccolezza indistruttibile, e questa prossimità, inavverti-

[327] G. Scholem, *Il Nome di Dio e la teoria cabbalistica del linguaggio*, cit., pp. 50-51. Cfr. anche l'*Alfabeto di Rabbi 'Aquiva* e *Il libro della figura*, in *Mistica ebraica. Testi della tradizione segreta del giudaismo dal III al XVIII secolo*, a cura di G. Busi ed E. Loewenthal, Einaudi, Torino 1995.

ta da quelli che confondono la presenza della *yod* con la potenza e la gloria agli occhi del mondo, dice a colui che è nella prova che non è abbandonato. Soltanto colui che veglia, talvolta in lacrime, sulla presenza della *yod* in sé può parlarne.[328]

5. *La questione dei «testamenti»*

Giunti a questo punto è tempo di affrontare infine il caso primordiale di difficoltà, l'origine di tutte le tribolazioni: il «tradimento» di Brod, che non rispettò le apparenti richieste di Kafka sul destino postumo delle sue opere.

Lo scambio epistolare fra i due suscita impressioni contrastanti: Franz si dimostra un amico solerte e gentile, ben disposto all'ascolto, ma pure a sottili (e probabilmente incompresi) rimproveri. Dal lato suo Max è un narciso entusiasta che, certo, si preoccupa spesso della salute del compagno, ma lo sommerge anche di fattacci suoi, scrivendo per lo più commenti alquanto noiosi. Nel contempo traspare un grandissimo affetto: non c'è alcun dubbio sulla buona fede di Brod e sulla sua generosa volontà di diffondere il verbo dell'amico dopo la sua scomparsa, senza tornaconti privati.

[328] C. Chalier, *Le lettere della creazione*, traduzione di D. Simeone, Giuntina, Firenze 2011, p. 44.

I cosiddetti «testamenti», comunque, sono sparsi nel tempo e compaiono in versioni un po' diverse. Il primo accenno al fato degli inediti si trova in una lettera del gennaio 1918, con la quale Kafka consegna a Brod alcuni manoscritti ma non i romanzi *Il disperso* e *Il processo* (provocando la rabbia dell'altro):

> Perché rimestare fra le vecchie fatiche? Solo perché finora non li ho bruciati? [...] Qual è il senso di conservare simili lavori falliti "persino" artisticamente? Forse nella speranza che da questi piccoli frammenti si ricomporrà la mia interezza, una qualche istanza d'appello al cui petto potrò bussare ogni volta che sono in difficoltà? So che questo non è possibile, che da lì non arriva nessun aiuto.[329]

Non è una richiesta, ma il tono è molto chiaro. Alla fine del medesimo anno i ruoli si invertono: Brod, inquieto per un possibile incidente di viaggio, chiede a Kafka di bruciare senza aprirli due pacchetti che troverà nel suo ufficio, e uno che già ha ricevuto in precedenza. (Contengono lettere compromettenti? Brod, notorio fedifrago, dice che la loro distruzione è «molto più importante di quanto non potrebbe esserlo la cura del mio lascito letterario e musicale»).[330] Kafka risponde che

[329] M. Brod-F. Kafka, *Un altro scrivere*, cit., p. 219.
[330] Ivi, p. 259.

l'ordine «non verrà eseguito, ma preso in considerazione», e che nel portafoglio tiene un biglietto per Max con istruzioni simili. Quindi anche Franz si sarebbe sottratto al compito? Ma allora perché insistere nell'indicarsi l'un l'altro come responsabili? Questo scambio enigmatico testimonia la grande complessità della vicenda e del rapporto fra i due amici.

Abbiamo poi un foglietto databile autunno/inverno 1921, ripiegato e indirizzato a Brod, in cui lo prega di bruciare senza leggerlo tutto ciò che si trova nel suo lascito, ovunque si trovi: «diari, manoscritti, lettere, di altri e mie, disegni ecc.».[331] Infine il documento più famoso, una lettera del 29 novembre 1922 imbustata e mai spedita: preoccupato per le sue condizioni fisiche e timoroso di morire, Kafka consegna le sue ultime volontà: «di tutto quello che ho scritto sono validi solo i libri: *Il verdetto*, *Il fuochista*, *La metamorfosi*, *Nella colonia penale*, *Un medico di campagna* e il racconto: *Il digiunatore*». Specifica che *Meditazione* può restare, ma non ristampata; in ogni caso non desidera che i suoi testi «possano essere ristampati e trasmessi alle epoche a venire», al contrario. È rigidissi-

[331] Ivi, p. 361. Anche disegni, sì: Kafka era un appassionato disegnatore e arricchiva i suoi quaderni di numerosi «scarabocchi», come li chiamava. Sono raccolti in A. Kilcher (a cura di), *I disegni di Kafka*, traduzione di A. Vigliani, con una nota di R. Calasso, Adelphi, Milano 2022.

mo sul resto, manoscritti, articoli pubblicati e lettere: ordina di bruciarlo «senza eccezione» (lo ripete più volte, sottolineandolo e aggiungendo che nessuno deve «ficcarci il naso» tranne Max, se proprio vuole).[332]

Brod non ottemperò a tale richiesta, anzi si dedicò con zelo a pubblicare tutto: i tre romanzi fra il 1925 e il 1927, alcuni racconti nel 1931, tra il 1935 e il 1937 una prima edizione di «opere complete» il cui ultimo volume erano lettere e brani di quaderni privati (ricevuti da Jesenská dopo la morte di Kafka); a ciò seguirono i diari più o meno interi nel 1951 e i volumi di lettere fra il 1952 e il 1967, completati dopo la sua morte con altri testi inediti in aggiunta.

La giustificazione addotta, leggiamo nella sua biografia, è semplice: la richiesta di distruggere gli scritti non pubblicati gli era stata trasmessa prima degli ultimi anni, in cui Max vide l'amico felice e dedito al lavoro: ciò lo spinse a «non considerare valido l'incarico datomi».[333]

In questo c'è molto di Brod, ma soprattutto c'è molto di Kafka: sembra una delle situazioni senza via d'uscita in cui imprigionava i suoi personaggi. Fece bene o fece male, Max? Dal punto di vi-

[332] M. Brod-F. Kafka, *Un altro scrivere*, cit., p. 415. *Il verdetto* è ovviamente *La condanna*.

[333] M. Brod, *Franz Kafka*, cit., p. 223.

sta letterario la domanda è ridicola, ma tutto cambia se ci poniamo su un terreno morale.

La replica più comune – Kafka avrebbe potuto arrangiarsi da sé – non regge: egli aveva già bruciato parte dei suoi testi e avrebbe continuato a farlo anche nei due anni successivi all'ultimo «testamento», oltre a incaricare Dora Diamant di fare altrettanto; ma probabilmente non sapeva se la malattia gli avrebbe concesso lucidità e margine d'azione fino alla fine.[334] Inoltre le sue lettere e i suoi scritti privati erano in mano altrui, quindi aveva bisogno di un tramite di fiducia che se ne occupasse. Nemmeno sapere che sul letto di morte stesse correggendo le bozze di un racconto, e dunque avesse ritrovato fiducia, è un buon argomento: Kafka non aveva obiezioni nei confronti di opere ritenute valide; e di certo considerava valido quanto stava per mandare in stampa.

Ciò premesso, Benjamin non ha dubbi nel difendere Brod:

La sua [*di Kafka*] consapevolezza non era soltanto questa: devo abbandonare il già fatto in favore di ciò che in me è ancora allo stato potenziale; era anche questa:

[334] Tuttavia nemmeno Diamant ce la fece. Raccontò di aver bruciato davanti a lui i circa venti quaderni che aveva riempito a Berlino, ma in realtà la maggioranza restò integra finché nel 1933 non venne sequestrata dalla Gestapo durante una perquisizione: non se n'è più saputo nulla. (Cfr. R. Stach, *Kafka: The Years of Insight*, cit., pp. 542-543).

l'altro lo salverà e mi sgraverà dal peso di coscienza di dover dare io stesso all'opera l'imprimatur oppure di doverla distruggere. [...] essere fedeli a Kafka significava proprio questo. Che Brod cioè pubblicasse l'opera e insieme l'ordine postumo dello scrittore di non farlo.[335]

Kundera accusa invece Brod di avere creato il mito distorto di Kafka pubblicando tutto ciò che restava senza badare alle remore artistiche dell'amico, che voleva distruggere soltanto *una parte* del suo lavoro, quella privata o che non lo soddisfaceva: ed ecco che invece Max ci consegna molto di più con spirito acritico, le lettere parificate ai racconti, i diari ai romanzi, tutto nelle medesime «opere complete». Se proprio avesse voluto attingere dalle carte di Franz, insomma, avrebbe dovuto farlo «*come chi trasgredisce una legge*, non come chi la nega e l'annulla».[336]

D'altro canto, come puntualizza Benjamin, Brod ammise con onestà di aver violato le intenzioni originali di Kafka; avendo le carte in mano avrebbe potuto pur sempre far finta di nulla, e invece pubblicò già nel luglio 1924 i due «testamenti» ritrovati nel

[335] W. Benjamin, *Morale cavalleresca*, in *Opere complete III. Scritti 1928-1929*, a cura di R. Tiedemann e H. Schweppenhäuser, edizione italiana a cura di E. Ganni, Einaudi, Torino 2010, p. 422.

[336] M. Kundera, *I testamenti traditi*, cit., p. 277. Ma cfr. le obiezioni di P. Krapp-R. Tiedmann, «Kafka Studies, the Culture Industry, and the Concept of Shame: Improper Remarks between Moral Philosophy and Philisophy of History», *Cultural Critique*, Spring 2005, no. 60, pp. 245-258.

lascito dell'amico. Infine dobbiamo ricordare che lo scrupoloso dottore in giurisprudenza Franz Kafka non produsse un testamento formale: conoscendo le secche della Legge, preferì affidarsi a Max.[337] Si abbandonò forse per l'unica volta della sua esistenza, consegnando quanto aveva di più prezioso a chi gli voleva bene e imponendo fin dall'inizio della storia *la necessità di un'interpretazione*.

In questa luce Brod è un po' il san Paolo di Kafka – il vero fondatore della sua religione, con tutto ciò che ne deriva – e un po' il suo Giuda: l'apostolo scelto perché Gesù sapeva che avrebbe messo in moto la macchina della redenzione, pur macchiandosi della colpa peggiore. Franz prevedeva che Max non avrebbe bruciato alcunché, gliel'aveva detto esplicitamente: eppure lo scelse scaricando su di lui la responsabilità del suo destino, e ancora una volta ne uscì «diabolico in tutta innocenza».[338]

E voi che avreste fatto? *Io* che avrei fatto? Avrei saputo rimanere fedele a Franz, fedele fino alla miseria, con il rischio di fraintendere quanto in realtà voleva al di là della lettera del testo? Non sono domande peregrine.

[337] Cfr. N. Cohen, «The Betrayed(?) Wills of Kafka and Brod», *Law and Literature*, Spring 2015, vol. 27, no. 1, pp. 1-21.

[338] Così si descrive dopo aver parlato con i genitori di Felice in seguito alla loro prima separazione: «Io recito la lezione. Il babbo afferra giustamente le cose da ogni lato. [...] Mi danno ragione, non si può dir molto contro di me. Diabolico in tutta innocenza» (F. Kafka, *Confessioni e diari*, p. 473).

Allo stesso modo, credo che anche la biografia brodiana vada riletta senza pregiudizi. Certo Max commette lo sbaglio affettuoso ma letale di scambiare la personalità di Franz per un'esemplificazione della sua poetica; e certo l'interpretazione angustamente teologica del *Castello* è da buttare, così come il suo ergere a criterio di lettura la categoria di santità. Ma fra tante pecche critiche offre una suggestione che va riconosciuta e protetta. Inizialmente Brod la formula con lodevole prudenza:

> Mentre nell'opera di Kafka attribuisco particolare importanza al lato della speranza e della gioiosa attività [...]: mentre dunque sottolineo in Kafka la posizione della libertà umana, non dimentico beninteso che questa posizione di Kafka è soltanto una favilla e che il lettore assorbe in stragrande maggioranza le affermazioni che spodestano l'uomo. Senonché le tesi della libertà e della speranza ci sono anch'esse. E se in un pensatore religioso troviamo una sola di tale tesi, essa riesce già a modificare decisamente la figura complessiva. Soltanto questo volevo dire, non più di così.[339]

Il riferimento al «pensatore religioso» è la consueta stortura, e poco più avanti Brod renderà assai più scomoda e impegnativa la sua tesi trasfor-

[339] M. Brod, *Franz Kafka*, cit., pp. 192-193.

mando Kafka in una sorta di platonico; ma è uno spunto rilevante per non prendere l'universo kafkiano come una massa inerte di grigiore e oppressione. Non lo è, come ora vedremo.

Il miracolo sempre inaspettato

1. *Dopo Kafka*

L'ultimo appunto dei *Diari* di Franz, un anno prima della sua morte, è dedicato alla scrittura. Sono poche righe e testimoniano un crescente timore, l'idea che ogni parola «rigirata nella mano degli spiriti» si rivolga verso di sé come una lancia, persino questa stessa osservazione; tuttavia il brano si chiude così: «L'unica consolazione sarebbe: accade, tu voglia o non voglia. E ciò che vuoi è di aiuto appena percettibile. Più che consolazione è: che anche tu possiedi armi».[340]

Dall'autunno viveva a Berlino con Dora Diamant, una giovanissima ebrea cresciuta in un ambiente molto religioso, conosciuta nel luglio 1923. Di fatto era scappato di casa come un ragazzino, di soppiatto, senza portarsi né i vestiti invernali né molto denaro. La vita berlinese era finalmente più serena, lontano dalla famiglia e con Dora che si

[340] F. Kafka, *Confessioni e diari*, cit., p. 635.

prendeva cura di lui, ma era anche caratterizzata da grandi ristrettezze: a volte i due scaldavano il cibo con le candele, e non avevano soldi per il cinema o i libri. Ormai pensionato, Kafka si recava spesso all'Accademia per lo Studio del Giudaismo dove sprofondava nel Talmud.

E possedeva armi. È ovvio pensare che si tratti delle parole, ma a cosa servono davvero, e contro chi rivolgerle? Una risposta plausibile è contenuta in un altro denso frammento risalente a tre anni prima, dove esprime un pensiero simile ma in modo dubitativo: «Tu, dunque, vuoi combattere il mondo, servendoti di armi che sono più reali della speranza e della fede. È probabile che tali armi esistano, ma sono riconoscibili e utilizzabili soltanto se esistono determinate premesse. Vediamo prima se tu le possiedi».[341] La risposta era giunta, la consapevolezza infine maturata: l'obiettivo era nientemeno che la realtà intera.

Ma Franz morì un anno dopo, il 3 giugno 1924, al termine di settimane di agonia prima al sanatorio di Wienerwald, presso una clinica di Vienna, e poi – nonostante il parere contrario del medico curante – a Kierling; settimane nelle quali aveva ricevuto la diagnosi di tubercolosi laringea, cercato ri-

[341] F. Kafka, *Gli otto quaderni in ottavo*, cit., p. 745.

fugio in vane speranze e mendicato qualche parola di conforto, restando per lo più zitto a letto per non stimolare l'organo colpito, comunicando attraverso foglietti, correggendo le bozze di *Un digiunatore*, assistito da Dora Diamant – che chiese in sposa al padre, un anziano rabbino, ottenendo un secco rifiuto – e dal medico e amico Robert Klopstock – cui domandò un'iniezione fatale prima di spegnersi.

Il funerale ebbe luogo l'11 dello stesso mese al cimitero ebraico di Praga-Straschnitz. Erano le quattro del pomeriggio, e Brod ricorda che quando i partecipanti tornarono a casa dei Kafka sull'Altstädter Ring, alle cinque e tre quarti, l'orologio del municipio si era fermato proprio all'ora della sepoltura: un'ultima solenne coincidenza – o se preferite, l'ultimo scherzetto di Franz.

La vera fortuna dello scrittore sarebbe iniziata da lì a poco, proprio grazie a Brod; ma intanto l'uomo era scomparso e il suo mondo privato e pubblico l'avrebbe seguito in un abisso molto peggiore. Il nazismo bandì i suoi scritti e li diede alle fiamme nei roghi di libri; le sue sorelle furono uccise nelle camere a gas, come Julie Wohryzek e Milena Jesenská; lo zio Siegfried si suicidò per evitare la deportazione, cui invece non sfuggì la cameriera di casa Kafka, Marie. Morirono nei campi di concentramento anche Grete Bloch, Yitzhak Löwy e il fratello di Max Brod, Otto.

Ernst Weiss si suicidò. Soltanto Felice Bauer e Dora Diamant emigrarono.

Scrivere dopo Kafka: come fare? La sua assenza ci condanna a uno stato di povertà e confusione: da lui abbiamo ereditato un cosmo talmente ricco, una rivoluzione tanto radicale della scrittura che non solo può pietrificare l'analisi, ma persino rendere impossibile la letteratura stessa.

In apparenza, certo, non è affatto così: eppure la ferita inferta da Kafka non è medicabile e getta un'ombra sulla quale dobbiamo interrogarci. Non ebbe e non ha eredi perché non può averne: la grandezza del suo lavoro è sigillata dallo stesso impedimento che egli ebbe in vita: almeno in ciò biografia e opera si equivalgono.

Anche per questo studiare il modo scevro di compromessi con cui visse la scrittura ci aiuta a recuperare un poco della sacralità legata all'atto, che appare quasi inaudita in un mondo culturale intriso di cinismo come il nostro. Perché nell'ottica dell'indistruttibile conta innanzitutto lo spirito di fondo: «Anche se la redenzione non viene, voglio però esserne degno ad ogni momento».[342]

In queste poche parole si concentra lo sforzo che pervade ogni pagina di Kafka: occorre essere all'al-

[342] F. Kafka, *Confessioni e diari*, cit., p. 334. La nota è del 25 febbraio 1912.

tezza di una redenzione quasi impossibile, lottare strenuamente per essa; e anche se alla fine si fallisce, è il gesto puro e devoto a essere veicolo di verità. Il tema qui ha meno a che vedere con la religione che con la grammatica, se così posso dire: la dignità di cui parla Kafka è legata a un rigore squisitamente linguistico. Fa impressione studiare la sua parabola creativa, compressa in un tempo molto breve; e fa male pensare a cosa avrebbe potuto scrivere con altro tempo a disposizione.

2. *Farsi bambini*

Per tutta la vita Kafka mantenne un'apparenza giovanile e non dimostrò mai, nemmeno alla fine, la sua vera età. Il corpo rifletteva un aspetto psicologico: basti pensare al compiacimento un po' infantile con cui narrava delle sue afflizioni, ai tratti capricciosi del suo carattere, alla passione per gli scherzi o l'incapacità di farsi strada nella vita adulta, che temeva con tutto il suo bagaglio di obblighi e rituali.[343]

[343] Lo ammette in una lettera del 1917: «In fondo si tratta certo della tipica opinione infantile ("sono il peggiore di tutti") che successivamente trova confutazione in nuovo dolore, ma quanto a me [...] questa opinione è rimasta e rimane in piedi» (M. Brod-F. Kafka, *Un altro scrivere*, cit., p. 195). Altrove, complimentandosi con un pizzico d'invidia per i successi degli amici Brod, Baum e Weltsch, scrive che al loro confronto gli pare «di girovagare come un bambino per i boschi dell'età virile» (ivi, p. 331).

C'è una sua immagine famosa: ha cinque anni e regge un cappello a tesa larga dietro uno sfondo vagamente tropicale. Nella *Piccola storia della fotografia* Walter Benjamin scrive che il bambino sparirebbe nella composizione, «se i suoi occhi infinitamente tristi non dominassero quel paesaggio preparato apposta per loro».[344] Ma benché evidente, nello sguardo non c'è solo tristezza. Lo si coglie ancor più in un altro ritratto quasi coevo, dove Kafka sembra un piccolo cavallerizzo in versione comica, perché l'animale che gli è destinato è una pecora: la tiene per l'orecchio con una mano e per la briglia con l'altra, ben salda al petto in un pugno nervoso, strettissimo.

Certo in queste foto proiettiamo indebitamente il futuro che allora doveva ancora giungere; lo scatto non illumina il vuoto di ciò che non conosciamo, ogni altro momento dell'infanzia di Kafka. Ma c'è qualcosa in quegli occhi, qualcosa che permane nelle immagini adulte: «quando esaminiamo il suo volto, il suo sguardo profondo rivolto all'interno, non vi troviamo debolezza ma al contrario energia, serietà, rigore, fermezza. La miserevole cellula familiare ha partorito queste virtù».[345]

[344] W. Benjamin, *Piccola storia della fotografia*, traduzione di M.C. Coldagelli, Skira, Ginevra-Milano 2011, p. 26.
[345] C. David, *Franz Kafka*, cit., pp. 31-32.

Esattamente lo stesso si può dire della sua opera: ma di che si tratta? Da dove viene tale forza? Leggendolo si provano desolazione e smarrimento, confusione e imbarazzo; ma nella sua implacabilità, nella sua completa assenza di infingimenti, la sua lingua allo stesso tempo ci purifica. È prosa che scaccia i mercanti dal tempio, e per contrasto lascia emergere un altro mondo possibile. In essa non percepiamo soltanto il grido della vittima inerme ma anche dignità, coraggio, ribellione; nessuno meglio di Kafka ha mostrato il volto brutale e ridicolo del potere, che per quanto brutale ridicolo resta; e nessuno meglio di lui suggerisce che la sconfitta non è vana: «in questo fallimento, nel sedimento e nello strato più infimo, si prepara la creatura, tra i ratti, i coleotteri e le talpe la nuova concezione dell'umanità, il nuovo orecchio per nuove leggi e il nuovo sguardo per nuovi rapporti».[346]

Per coglierlo occorre accostarsi alla parola kafkiana facendosi non retoricamente più piccoli, riacquistando una sorta di nuova ingenuità. Come ha scritto benissimo Ladislao Mittner, l'arte di Kafka

[346] W. Benjamin, *Opere complete VIII. Frammenti e paralipomena*, a cura di H. Schweppenhäuser, edizione italiana a cura di H. Riediger e E. Ganni, Einaudi, Torino 2014, p. 363. O per dirla con Elias Canetti: «Mentre lo si legge si diviene buoni, ma senza esserne orgogliosi» (*La provincia dell'uomo. Quaderni di appunti 1942-1972*, traduzione di F. Jesi, Adelphi, Milano 1978, p. 136).

non è soltanto, come può sembrare, una ripugnante deformazione della realtà; è anche, nei suoi momenti più alti e, in teoria, dovrebbe sempre essere, la distruzione di quella ripugnante menzogna che è la realtà. Tale distruzione si compie in virtù di una luce superiore che l'uomo non riesce a sopportare o sopporta solo per brevi attimi.[347]

Del resto ogni bambino si accorge in fretta che la realtà è menzognera, e trascina tale consapevolezza nella maggiore età – sopra cui però stende un velo di rassegnazione o cinismo. Il regime degli adulti nell'opera di Kafka è sempre foriero di arbitrarie punizioni e dominio incontrollato: in tal senso l'adolescente Karl nel *Disperso* è un simbolo non di vaga innocenza bensì di sfida e querela.

«Colui che vuol guardare le cose in questo modo deve trasformarsi in un bambino e dimenticare molte cose», chiosa Adorno, quasi evangelicamente.[348] Qui occorre fare la massima attenzione; rischiamo di cadere nel culto del bambino sapiente, un infantilismo tanto diffuso quanto deleterio. Ovviamente non bisogna leggere Kafka con «spon-

[347] L. Mittner, *Kafka senza kafkismi*, cit., p. 289.

[348] T.W. Adorno, *Appunti su Kafka*, cit., p. 246: «Che ne è di un uomo che è una cimice grande come un uomo? Ma se si potesse isolare e captare lo sguardo terrorizzato del bambino, è di queste dimensioni che dovrebbero apparirgli gli adulti, e così deformati [...]. Allora riconosce nel padre l'orco che da sempre ha temuto che fosse già da minimi indizi, lo schifo per le croste di formaggio si rivela un'ignominiosa e preumana avidità di esse».

taneità» o «innocenza» – l'esatto contrario. Mi limito a suggerire che la prosa così matura di Franz obbliga anche a un paradossale ringiovanimento dello sguardo: esso diviene più attento a cose che l'adulto dà per scontate o dimentica.

Questa posizione ha raccolto qualche adepto nel corso dei decenni: Bataille ad esempio parla di un «atteggiamento del tutto infantile» nell'opera di Kafka, in opposizione all'etica commerciale incarnata dal padre;[349] e Doležel annota di sfuggita che soltanto i bambini prendono sul serio il mondo ibrido di Kafka, chinandosi su di esso senza sorpresa e con viva curiosità.[350] Ma di certo non è moneta corrente. Eppure, eppure...

Nel breve brano *La trottola* un filosofo rincorre il giocattolo per indagarlo, ma quando lo prende in mano si rivela un banale pezzo di legno, «e le grida dei bambini che fino a quel momento non aveva udite e ora invece gli colpivano improvvisamente le orecchie, lo facevano fuggire»:[351] i fanciulli lo vogliono lontano dal loro giocattolo perché non desiderano che venga inteso altrimenti. Il cane delle *Indagini* afferma di possedere ancora una «natura puerile» (come il popolo dei topi di *Josefine*), e in

[349] G. Bataille, *La letteratura e il male*, cit., pp. 140-143.
[350] L. Doležel, «Kafka's Fictional World», cit., p. 66, nota 5.
[351] F. Kafka, *La trottola*, in *Tutti i racconti. Volume secondo*, cit., p. 174.

un passo biffato riflette come ogni educazione miri solo a due cose: «in primo luogo a respingere l'irruente assalto dei bambini ignoranti alla città e poi a introdurre i bambini umiliati nella menzogna – con dolcezza, a poco a poco, impercettibilmente».[352]

Tale difesa dello spazio immaginativo e fantastico dell'infanzia non ha nulla di retorico. I bambini sono dotati di una logica che spesso ci risulta aliena, appaiono a volte comici e a volte spaventosi – come l'arte di Kafka, che qui e là brilla della perfida, oscura luce di una filastrocca; somiglia alle illustrazioni colorate ma anche inquietanti di un abbecedario Biedermeier o a certe *Kinderszenen* di Schumann. Tali elementi giocosi richiamano un fattore tipico della fantasia infantile, una gioiosa *esagerazione*, un rifiuto del senso comune narrativo: «Quando inventano storie», scrisse Benjamin, «i bambini sono registi che non si lasciano tarpare le ali dal "senso"».[353] Senza irresponsabilità e desiderio di esagerare Kafka non avrebbe potuto spingersi così lontano.

[352] F. Kafka, *Indagini di un cane*, in *Tutti i racconti. Volume secondo*, cit., p. 302.

[353] W. Benjamin, *Orbis pictus. Scritti sulla letteratura infantile*, a cura di G. Schiavoni, Giometti & Antonello, Macerata 2020, p. 28. Da qui mutuo il concetto di esagerazione: «un'annosa controversia pedagogica: se sia lecito presentare il falso ai bambini, per metterli in guardia. Risposta: sì, se si esagera. [...] esagerato è anche il Pierino Porcospino, esagerato è anche il racconto di Max e Moritz, esagerato anche Gulliver. Esagerati sono la solitudine di Robinson e ciò che Alice vede nel Paese delle Meraviglie» (pp. 55-56).

Egli stesso sapeva benissimo che il mondo è dominato da una ferocia meccanica, dove i timidi e i fragili sono destinati a soffrire. Anche senza indulgere in letture biografiche, alcuni episodi della sua infanzia devono averlo segnato irrimediabilmente: penso a quando il padre lo abbandonò sul ballatoio davanti alla porta chiusa soltanto perché aveva osato chiedere dell'acqua,[354] o alle perverse minacce della cuoca di riferire al maestro «quanto era stato maleducato in casa».[355]

Tutto ciò è noto; meno note sono le sue idee sull'educazione infantile, contenute in una serie di lettere del 1921 alla sorella Elli. La donna è incerta se mandare il figlio Felix in una scuola lontana, benché abbia già dieci anni; Franz invece non ha dubbi, e vede nelle esitazioni della sorella aspetti tipici del «nostro ambiente»: Elli agisce «con l'avarizia (io non lo cedo!), con la disperazione (che cosa sarei senza di lui?), con la rinuncia alle speranze (egli non sarà più mio figlio!)»[356] eccetera.

Quindi rielabora la pedagogia lillipuziana di Swift – «Ai genitori meno che a chiunque altro dovrebbe essere affidata l'educazione dei figli», leggiamo nei *Viaggi di Gulliver* – conferendo alla te-

[354] F. Kafka, *Lettera al padre*, in *Confessioni e diari*, cit., p. 643.
[355] Così racconta a Milena Jesenská: cfr. F. Kafka, *Lettere*, cit., pp. 693-694.
[356] Ivi, p. 403.

si un'inconfondibile sfumatura kafkiana: ogni famiglia è in primo luogo un legame animale, addirittura un unico organismo: «Perciò, facendo assegnamento su di sé non può avanzare oltre se stessa, da sé sola non può creare un uomo nuovo, quando tenta di farlo mediante l'educazione familiare commette una specie di incesto spirituale».[357]

Sottomessi ai genitori, i figli non hanno diritto alla personalità: e se la loro formazione non corrisponde ai criteri fissati essi «non vengono già espulsi (sarebbe una bellissima cosa, ma è impossibile poiché si tratta effettivamente di un organismo), bensì maledetti o divorati ovvero l'una e l'altra cosa».[358] Così Crono, che della prole si nutriva, è «il più onesto dei padri»: quantomeno non finge.

Kafka riconosce come la tirannide genitoriale e la schiavitù da essa imposta possano talora esprimersi con apparente delicatezza; ma le ferite che lasciano nei figli non sono per questo meno profonde. Se i genitori provano per loro un «amore animale» – che egli comunque non svaluta affatto – solo l'educatore rispetta il ragazzo, e ciò vale molto di più. Il fatto che Franz non fosse padre, né mai lo sarebbe diventato, non disper-

[357] Ivi, p. 407.
[358] Ivi, p. 408.

de la forza del ragionamento: lui stesso anticipa l'obiezione separando esperienza e suggerimenti: «Non pigliartela col consiglio perché ti viene da me», scrive perentorio.

Infine aggiunge – a mo' di consolazione per Elli, ma in realtà assestando il colpo di grazia – che come racconta una leggenda solo la madre riconosce il figlio vagabondo, di ritorno a casa dopo tanto tempo, unica fra tutti: «è il vero miracolo dell'amore materno e qui è espressa una grande verità, ma soltanto a mezzo, perché manca l'aggiunta che, se suo figlio fosse rimasto a casa, lei non lo avrebbe mai riconosciuto».[359]

Il progetto educativo non è di per sé originale, anzi è stato teoria e pratica viva nel corso del secolo scorso da Tolstoj a Maria Montessori passando per Janus Korczak, Paulo Freire, Leda Rafanelli o Giovanna Caleffi Berneri. Tuttavia è interessante per più di un motivo. Come questi pedagogisti Kafka non condanna soltanto le punizioni fisiche e i metodi psicologicamente abusivi; si spinge oltre. Un'educazione che non riconosca lo sviluppo indipendente dei bambini, partendo dai loro desideri e dalle loro qualità invece di imporle dall'esterno, è una falsa educazione. E sostenendo un processo di fioritura che escluda la sottile

[359] Ivi, p. 410.

coercizione non meno delle offese al corpo o alla mente, Kafka argomenta con grande passione – una tonalità emotiva che tradisce la sua empatia verso il mondo infantile.

Katharina Laszlo sottolinea che quando sceglieva i libri per i bambini, Franz non pensava soltanto a quelli più adatti a loro: immaginava come sarebbe stato leggerli *nei loro panni*.[360] Soffermarsi sulle lettere a Elli consente dunque anche di togliere al Kafka-cliché un cipiglio troppo severo, e riconoscerlo come un uomo attento alla libertà espressiva dei più piccoli.

Niente lo illumina meglio di un episodio accaduto durante l'ultimo anno della sua vita, e che è giunto il tempo di raccontare, pur tra qualche esitazione. È una storia molto nota e un po' controversa, per la quale abbiamo un'unica fonte e cui non bisogna dare un peso eccessivo; ma vale la pena ricordarla. E se anche fosse troppo bella per essere vera, stavolta viene da ribattere: che importa?

Come sappiamo, nell'autunno del 1923 Kafka viveva con Dora Diamant a Berlino in condizioni alquanto modeste: nelle lettere alla famiglia chiedeva di girargli il danaro della pensione (versato

[360] K. Laszlo, *Childhood, Pedagogy and Education*, in C. Duttlinger (edited by), *Franz Kafka in Context*, cit., p. 247.

presso di loro a Praga) e abiti invernali; inoltre si entusiasmava per i pacchi di alimenti ricevuti.[361] Eppure era felice, forse per la prima volta.

Durante una passeggiata allo Steglitzer Park i due incontrarono una bambina in lacrime perché aveva perso la sua bambola. Kafka – riesco a immaginarlo perfettamente mentre si china sorridendo – le rispose che la bambola non si era persa: era partita per un viaggio, e lui lo sapeva perché gli aveva scritto una lettera. La bambina, sospettosa ma incuriosita, domandò una prova; e Kafka promise che l'avrebbe portata l'indomani.

Prosegue Diamant:

> [...] Franz se ne tornò subito a casa, per scrivere la lettera.
>
> Si mise al lavoro in tutta serietà, come si trattasse della creazione di un'opera. [...] Tra l'altro, si trattava effettivamente di un vero lavoro, essenziale al pari degli altri, perché la bambina doveva assolutamente essere resa felice e preservata dalla delusione. La menzogna doveva dunque essere trasformata in verità attraverso la verità della finzione. Il giorno successivo portò la lettera alla bambina, che l'attendeva al parco. La bambola spiegava che ne aveva abbastanza di vivere sempre nella stessa famiglia ed esprimeva il desiderio di cambiare un po' aria, in una parola, voleva se-

[361] Cfr. F. Kafka, *Lettere*, cit., pp. 1047-1053.

pararsi per qualche tempo dalla bambina, cui per altro voleva molto bene. Prometteva tuttavia di scrivere ogni giorno – e Kafka scrisse effettivamente una lettera ogni giorno, raccontando sempre di nuove avventure, le quali, seguendo il ritmo vitale delle bambole, si snodavano in modo rapidissimo.[362]

Dopo tre settimane di questo gioco – durante le quali la bambola cresceva, incontrava altre persone, ma rassicurava sempre la bimba del suo affetto – Franz concluse la storia con un matrimonio. La bambola si sposava e seppur a malincuore doveva rinunciare a vedere la sua vecchia amica.

Insisto: occorre maneggiare questa storia con estrema prudenza, soprattutto perché rischia di imprigionare Kafka nell'ennesimo santino, stavolta in colori più raddolciti. Non è da simili episodi che dovremmo giudicare la sua grandezza e le infinite sottigliezze della sua opera: d'altro canto, è fin troppo facile respingere l'aneddoto come inutile romanticheria.

Perché Kafka ha offerto una storia alla bambina e tramite essa – senza negare in alcun modo i fatti, senza creare illusioni – ha reso il dolore tollerabile, infondendovi significato: in questo senso ha ragione Gérard-Georges Lemaire nel sugge-

[362] H.-G. Koch (a cura di), «*Quando Kafka mi venne incontro…*», cit., p. 294.

rire che proprio alla fine Franz trovò la sua lettrice ideale: una lettrice disposta a *credere*.[363]

3. *Il messaggio dell'imperatore*

Ho già citato *Un messaggio dell'imperatore*, il famoso racconto in cui il messaggero deve recare a te – proprio a te – la parola del sovrano morente o già morto: di fronte a lui si stendono innumerevoli ostacoli, l'intera immensa città, e il compito appare impossibile; ma «tu stai seduto alla tua finestra e ne sogni, quando scende la sera».[364]

Così si dice, almeno: *so heisst es*. Un inciso apparentemente secondario e in realtà di grandissima importanza. Di vere assoluzioni e redenzioni improvvise si parla nelle leggende, nei proverbi, nei racconti orali: così nel *Processo* e nel *Castello*; così nei testi più tardi come *Lo stemma cittadino* o *La questione delle leggi*. In *Un messaggio dell'imperatore* persino la dimensione della speranza e del sogno è una storia all'interno della storia, nascosta in un luogo ancor più remoto.

Sappiamo in quale catastrofe incorse Brod quando volle elevare tali sentimenti a principio esegeti-

[363] Vedi G.-G. Lemaire, *Kafka*, cit., p. 278.

[364] F. Kafka, *Un messaggio dell'imperatore*, in *Tutti i romanzi. Tutti i racconti e i testi pubblicati in vita*, cit., p. 1739.

co, benché abbia formulato l'idea con relativa cautela. Il potenziale distruttivo di Kafka non va mai sottovalutato, e ogni volontà di imporvi una maschera è destinata allo scacco: tuttavia viene supposta l'esistenza di una faglia, di un buco nella rete; certo è quasi impossibile, ma c'è: ed è qualcosa che viene *narrato*, sottovoce, come un discorso di second'ordine, opposto a ogni tradizione istituita.

Qui sta il potenziale sovversivo di Kafka, che egli stesso descrive così:

> A un'argomentazione ci si può sottrarre evadendo nel mondo della magia, a un incantesimo riparando nella logica, ma l'uno e l'altra insieme ti schiacciano, tanto più che, uniti, danno luogo a un *quid tertium*: un incantesimo vivente o una distruzione del mondo che, invece di distruggere, edifica.[365]

La distruzione di cui parlava Mittner si rovescia miracolosamente grazie all'unione di due opposti, logica e incantesimo: ovvero fiabesco, ma con una complicazione ulteriore.

André Jolles ha chiarito che la moralità della fiaba non risponde alla domanda su come dovremmo comportarci bensì su come dovrebbero andare le cose affinché trionfi la giustizia: allora il po-

[365] F. Kafka, *Gli otto quaderni in ottavo*, cit., p. 755.

vero è coperto d'oro, la principessa salvata, tutti vivono felici e contenti.[366] In Kafka però le cose vanno esattamente al contrario: Gregor muore, Josef K. è ucciso, Karl respinto e così via. Il punto è che il vero elemento fiabesco delle sue storie – a parte gli aspetti formali di concisione, assenza di psicologismi ed economia di spiegazioni – non sta in questi fatti bensì nella chance di salvezza che balugina qui e là. Sta nella vera assoluzione mormorata, nel sogno che un giorno verremo liberati: sta nell'aneddoto sul mondo «del sentito dire, della superstizione e delle storielle senza capo né coda: c'era una volta, lontano lontano, presso un altro popolo...».[367] Non è molto, ma è l'unico margine di resistenza rimasto in un cosmo dove la Legge si è irrigidita svuotandosi della grazia.

«In un mondo di menzogna, la menzogna non viene bandita dal mondo nemmeno attraverso il suo contrario, bensì attraverso un mondo di verità», si legge nei *Quaderni in ottavo*[368] – una perfetta dichiarazione di poetica e insieme un principio spi-

[366] Cfr. A. Jolles, *Forme semplici*, in *I travestimenti della letteratura. Saggi critici e teorici (1897-1932)*, a cura di S. Contarini, premessa di E. Raimondi, Bruno Mondadori, Milano 2003, pp. 429-434.

[367] M. Warner, *C'era una volta. Piccola storia della fiaba*, traduzione di B. Lazzaro, Donzelli, Roma 2021, p. 16. Non sorprende che più avanti Warner citi anche Franz.

[368] F. Kafka, *Gli otto quaderni in ottavo*, cit., p. 739.

rituale: l'arte di Kafka non è riformista perché sa che singole verità sono insufficienti in un universo corrotto: è schiettamente rivoluzionaria.

Nel suo saggio sul narratore Benjamin affermò:

> Il meglio – ha insegnato la favola anticamente all'umanità, e insegna ancora oggi ai bambini – è affrontare le potenze del mondo mitico con astuzia e impertinenza. [...] L'incantesimo liberatore di cui dispone la favola, non introduce la natura in forma mitica, ma accenna alla sua complicità con l'uomo liberato. Questa complicità l'uomo adulto la sente solo a tratti, e cioè nella felicità; ma al bambino essa si offre direttamente nella favola e lo rende felice.[369]

Studiando Kafka applicò la medesima idea: «Ragione e astuzia hanno inserito nel mito le loro finte; le sue potenze non sono più invincibili. La favola è il ricordo della vittoria su di esse. E favole per dialettici ha scritto Kafka».[370] Del resto, se nuove forme di condanna pertengono all'individuo contemporaneo – e Kafka le ha mostrate minuzio-

[369] W. Benjamin, *Il narratore. Considerazioni sull'opera di Nikolai Leskov*, in *Angelus novus*, cit., p. 267.

[370] W. Benjamin, *Franz Kafka*, cit., p. 282. E così Adorno: «Kafka non ha predicato l'umiltà, bensì ha consigliato l'atteggiamento più collaudato contro il mito: l'astuzia. [...] Come il più piccino della favola, bisogna rendersi irrilevanti, piccoli, vittime inermi e non insistere sui propri diritti secondo l'uso del mondo, che è l'uso del baratto, il quale riproduce incessantemente l'ingiustizia» (*Appunti su Kafka*, cit., p. 263).

samente – perché non dovrebbero spettargli anche nuove forme di liberazione?

Brod riporta un famoso dialogo del 28 febbraio 1920 in cui l'amico disse che noi tutti eravamo frutto di un malumore di Dio. «Sicché ci sarebbe speranza fuori dal nostro mondo?», chiese Brod. «Molta speranza...», rispose Kafka sorridendo, «per Dio... infinita speranza, salvo che per noi».[371]

È facile leggere in questa risposta sotto la lente del pessimismo assoluto. Però Franz *sorrise* nel rispondere – ancora la sua arma segreta! – e poi di fatto ammise che *c'è* speranza, in ogni caso: non per noi, ma per qualcun altro sì. Di chi si tratti non ha in fondo molta importanza; già l'idea in sé ci libera dal terrore senza fine e dovrebbe essere comunque ragione di sollievo, come per l'Eden preservato integro dopo la nostra cacciata, salvo così dall'annichilimento. Qualcuno ha raccontato una fiaba per fronteggiare lo strapotere del mito, e tale forza si tramanda.

Ecco il nucleo rovente del paradosso di Kafka: è impossibile trovare un'opera più corrosiva, persino in un secolo severo come il Novecento; ma proprio perché estingue ogni ipocrisia, il poco bene disponibile viene restituito in una forma chimicamen-

[371] M. Brod, *Franz Kafka*, cit., p. 89.

te pura, non adulterata da miserie e illusioni. In ciò sta l'estremismo della sua scrittura, e possiamo notarvi un'altra sfumatura del paragone con la preghiera: è rivolta verso una felicità futura, pure invocando forze diaboliche – che tuttavia, come il Mefistofele di Goethe, desiderano il male ma operano il bene.

Più ancora: l'atto di pregare si realizza di per sé, è già un esempio di fiducia: condotto con animo casto equivale all'atto di scrivere autenticamente. Solo chi conosce la virtù del rimpicciolimento, l'imperscrutabile alchimia del ridivenire bambini, può apprezzarne fino in fondo lo splendore. Così Cristina Campo:

> Vince la fiaba il folle che ragiona a rovescio, capovolge le maschere, discerne nella trama il filo segreto, nella melodia l'inspiegabile gioco d'echi; che si muove con estatica precisione nel labirinto di formule, numeri, antifone, rituali comune ai vangeli, alla fiaba, alla poesia. Crede costui, come il santo, al cammino sulle acque, alle mura traversate da uno spirito ardente. Crede, come il poeta, alla parola: crea dunque con essa, ne trae concreti prodigi.[372]

Kafka non si impegnò a erigere immagini falsamente consolatorie, perché sapeva benissimo che

[372] C. Campo, *Gli imperdonabili*, Adelphi, Milano 1987, p. 41.

la sofferenza resta di fondo inconsolabile, così come violenza e crudeltà non possono essere celate da un trucco. Tutti i suoi eroi sono condannati, tutte le strade terminano davanti a un muro; a nessuno è destinato di camminare sulle acque. E tuttavia l'indistruttibile esiste: quasi certamente non potremo raggiungerlo perché su di noi già grava la condanna, ma possiamo tentare di combatterla e soprattutto possiamo dirlo, strappando un altro brandello di terra per allargare il regno del *quasi*, parola kafkiana molto più di altre.

Tale è la forma della nostra dignità, e davvero permette di trarre «concreti prodigi»: dal buio erompe una luce capace di annientarlo sebbene per un istante: il racconto di questa stessa tenebra e il tentativo di resistervi, scrivendo; perché anche se la redenzione non viene dobbiamo comunque esserne degni.

Il 24 luglio 1922, pochi giorni dopo aver spedito le memorabili e affrante lettere a Brod sullo *Schriftstellersein*, Kafka inviò a Klopstock alcune righe di tutt'altro tenore:

Caro Robert, Lei non dev'essere così disperato per questa apparente mala riuscita, che io non riesco ad afferrare ma alla mia maniera posso sentire. Se fossimo sulla strada giusta, anche un siffatto fallimento sarebbe infinitamente disperato, ma poiché siamo su una strada che porta a un'altra e questa a una terza e così via e poi per un lungo tratto non viene quella giusta e forse non viene affatto, e noi quindi siamo nell'incertezza, ma anche nella varietà inconcepibilmente bella, l'avverarsi delle speranze e particolarmente di siffatte speranze è il miracolo sempre inaspettato, ma in compenso sempre possibile.[373]

Altro Kafka non concede: ma se lo avviciniamo con modestia e amore, proteggendolo dalle mistificazioni cui è andato incontro, vediamo schiudersi un mondo di verità: leggendolo possiamo affermare – *così si dice* – che il messaggio dell'imperatore è infine giunto a destinazione.

[373] F. Kafka, *Lettere*, cit., p. 474.

Nota dell'autore

Ho presentato le idee embrionali del secondo capitolo in una conferenza al Festivaletteratura di Mantova nel settembre 2012. Ho letto una prima nota sul *Processo* al Goethe Institut di Torino nel marzo 2015 e alcune osservazioni sul *Castello* al Festival CaLibro di Città di Castello, lo stesso anno. Il mio commento alla *Metamorfosi* è stato ospitato al Festival Eterotopie di Mantova nel giugno 2017 e in seguito pubblicato per la prima volta, con varie revisioni, in *Sotto il vulcano* (2/22) da Giangiacomo Feltrinelli Editore, Milano: qui ne appare una nuova versione, arricchita a sua volta da una conferenza tenuta al Festival BookCity di Milano (novembre 2022). Frammenti di lettura del *Castello* sono stati presentati al Festival Bookpride di Milano nel marzo 2019. Una conferenza alla Scuola Holden del novembre 2022 mi ha consentito di mettere ordine agli appunti su *Figli / Castighi*. Le note sulla pedagogia di Kafka sono apparse in inglese, in forma un po' diversa e con un cenno a Stig Dagerman, sulla *European Review of Books* il 7 dicembre 2022.

Ringrazio di cuore Mauro Nervi per le generose osservazioni a una versione precedente del libro: senza il suo aiuto mi sarebbero sfuggite varie sfumature. Com'è ovvio qualsiasi eventuale errore cade sotto la mia responsabilità.

Bibliografia

Opere di Franz Kafka citate nel testo

Tutti i racconti. Volume secondo, a cura di E. Pocar, Mondadori, Milano 1970.

Lettere a Felice. 1912-1917, raccolte ed edite da E. Heller e J. Born, tradotte da E. Pocar, Mondadori, Milano 1972.

Confessioni e diari, a cura di E. Pocar, Mondadori, Milano 1972.

Gli otto quaderni in ottavo, in *Confessioni e diari*, cit., pp. 693-789.

Lettera al padre, in *Confessioni e diari*, cit., pp. 637-689.

Lettere, a cura di F. Masini, Mondadori, Milano 1988.

Relazioni, a cura di M. Müller, traduzione di A. Lavagetto, Einaudi, Torino 1988.

Il silenzio delle sirene. Scritti e frammenti postumi (1917-1924), introduzione di G. Herling, traduzione e cura di A. Lavagetto, Feltrinelli, Milano 1994.

La metamorfosi e tutti i racconti pubblicati in vita, prefazione di K. Wagenbach, a cura di A. Lavagetto, Feltrinelli, Milano 2019.

Franz Kafka-Ausgabe. Historisch-Kritische Edition sämtlicher Handschriften. Drucke und Typoskripte, herausgegeben von R. Reuss und P. Staengle, Wallstein Verlag, Göttingen 2020.

Tutti i romanzi. Tutti i racconti e i testi pubblicati in vita, introduzione, traduzione e note a cura di M. Nervi, Bompiani, Milano 2023.

Il disperso, in *Tutti i romanzi. Tutti i racconti e i testi pubblicati in vita*, cit., pp. 39-455.

Il processo, in *Tutti i romanzi. Tutti i racconti e i testi pubblicati in vita*, cit., pp. 489-851.

Il castello, in *Tutti i romanzi. Tutti i racconti e i testi pubblicati in vita*, cit., pp. 885-1399.

Meditazione, in *Tutti i romanzi. Tutti i racconti e i testi pubblicati in vita*, cit., pp. 1415-1463.

La condanna, in *Tutti i romanzi. Tutti i racconti e i testi pubblicati in vita*, cit., pp. 1481-1499.

La metamorfosi, in *Tutti i romanzi. Tutti i racconti e i testi pubblicati in vita*, cit., pp. 1531-1617.

Nella colonia penale, in *Tutti i romanzi. Tutti i racconti e i testi pubblicati in vita*, cit., pp. 1635-1685.

Un medico di campagna. Piccoli racconti, in *Tutti i romanzi. Tutti i racconti e i testi pubblicati in vita*, cit., pp. 1697-1781.

Un digiunatore. Quattro racconti, in *Tutti i romanzi. Tutti i racconti e i testi pubblicati in vita*, cit., pp. 1795-1861.

Un medico di campagna, a cura di L. Crescenzi, Mondadori, Milano 2023.

Bibliografia generale

AA.VV., *Veröffentlichungen der Vereinigung der Deutschen Staatsrechtslehrer*, Heft 3, De Gruyter, Berlin-Leipzig 1927.

Adorno T.W., *Beethoven. Filosofia della musica*, a cura di R. Tiedemann, traduzione di L. Lamberti, Einaudi, Torino 2001.

Id., *Appunti su Kafka*, in *Note per la letteratura*, introduzione e cura di S. Givone, Einaudi, Torino 2012, pp. 235-265.

Anders G., *Kafka. Pro e contro. I documenti del processo*, a cura di B. Maj, Quodlibet, Macerata 2006.

Arendt H., *Ripensando a Franz Kafka. In occasione del ventesimo anniversario della morte*, in *Antologia*, a cura di P. Costa, Feltrinelli, Milano 2006, pp. 26-37.

Arneson R.J., «Power and Authority in "The Castle"», *Mosaic: An Interdisciplinary Critical Journal*, vol. 12, no. 4, Summer 1979, pp. 99-113.

Auden W.H., *L'io senza sé*, in *La mano del tintore*, traduzione di G. Fiori, Adelphi, Milano 1999, pp. 195-204.

Baioni G., *Kafka. Romanzo e parabola*, Feltrinelli, Milano 1962.

Id., *Kafka: letteratura ed ebraismo*, Einaudi, Torino 1984.

Barthes R., *Riflessioni sullo stile de* Lo Straniero, in *Scritti. Società, testo, comunicazione*, a cura di G. Marrone, Einaudi, Torino 1998, pp. 319-323.

Bartlett R., *Trial by Fire and Water. The Medieval Judicial Ordeal*, Clarendon Press, Oxford 1986.

Bataille G., *La letteratura e il male*, traduzione di A. Zanzotto, Mondadori, Milano 1991.

Beissner F., *Der Erzähler Franz Kafka: Ein Vortrag*, W. Kohlhammer, Stuttgart 1952.

Benjamin W., *Lettere 1913-1940*, raccolte e presentate da G.G. Scholem e T.W. Adorno, traduzioni di A. Marietti e G. Backhaus, Einaudi, Torino 1978.

Id., *Il narratore. Considerazioni sull'opera di Nikolai Leskov*, in *Angelus novus*, a cura di R. Solmi, con un saggio di F. Desideri, Einaudi, Torino 1995, pp. 247-274.

Id., *Franz Kafka. Per il decimo anniversario della sua morte*, in *Angelus novus*, cit., pp. 275-305.

Id., *Opere complete IV. Scritti 1930-1931*, a cura di R. Tiedemann e H. Schweppenhäuser, edizione italiana a cura di E. Ganni, Einaudi, Torino 2002.

Id. *Morale cavalleresca*, in *Opere complete III. Scritti 1928-1929*, a cura di R. Tiedemann e H. Schweppenhäuser, edizione italiana a cura di E. Ganni, Einaudi, Torino 2010.

Id., *Piccola storia della fotografia*, traduzione di M.C. Coldagelli, Skira, Ginevra-Milano 2011.

Id., *Opere complete VIII. Frammenti e paralipomena*, a cura di H. Schweppenhäuser, edizione italiana a cura di H. Riediger e E. Ganni, Einaudi, Torino 2014.

Id., *Orbis pictus. Scritti sulla letteratura infantile*, a cura di G. Schiavoni, Giometti & Antonello, Macerata 2020.

Benjamin W.-Scholem G., *Archivio e camera oscura. Carteggio 1932-1940*, a cura di G. Scholem, edizione italiana a cura di S. Campanini, Adelphi, Milano 2020.

Binder H., *La "contrometamorfosi di Gregor Samsa". Karl Brand e Franz Kafka*, traduzione di G. Chiarini, in L. Zagari (a cura di), *Franz Kafka*, Shakespeare&Company, Napoli 1983, pp. 85-101.

Blanchot M., *Da Kafka a Kafka*, traduzioni di R. Ferrara, D. Grange Fiori, G. Patrizi, L. Prato Caruso, G. Urso, G. Zanobetti, Feltrinelli, Milano 1983.

Id., *La conversazione infinita*, traduzione di R.

Ferrara, introduzione a cura di G. Bottiroli, Einaudi, Torino 2015.

Blei F., *Il bestiario della letteratura*, introduzione di C. Magris e di L. Rega, il Saggiatore, Milano 1980.

Borges J.L., *Kafka e i suoi precursori*, in *Tutte le opere. Volume primo*, a cura di D. Porzio, Mondadori, Milano 1984, pp. 1007-1009.

Brod M., *Franz Kafka. Una biografia*, traduzione di E. Pocar, Mondadori, Milano 1956.

Brod M.-Kafka F., *Un altro scrivere. Lettere 1904-1924*, traduzione e introduzione di M. Rispoli e L. Zenobi, Neri Pozza Editore, Vicenza 2007.

Busi G.-Loewenthal E. (a cura di), *Mistica ebraica. Testi della tradizione segreta del giudaismo dal III al XVIII secolo*, Einaudi, Torino 1995.

Calasso R., *K.*, Adelphi, Milano 2002.

Campo C., *Gli imperdonabili*, Adelphi, Milano 1987.

Canetti E., *La provincia dell'uomo. Quaderni di appunti 1942-1972*, traduzione di F. Jesi, Adelphi, Milano 1978.

Id., *L'altro processo. Le lettere di Kafka a Felice*, traduzione di A. Ceresa, Guanda, Milano 1990.

Casanova P., *Kafka en colère*, Seuil, Paris 2011.

Cassirer E., *Saggio sull'uomo. Una introduzione alla filosofia della cultura umana*, traduzione di C. D'Altavilla, Armando Editore, Roma 2004.

Catalano G., *Goethe*, Salerno Editrice, Roma 2014.

Cavalletti S. (a cura di), *Trattato delle benedizioni (Berakhot) del Talmùd babilonese*, traduzione di E. Zolli, UTET, Torino 1968.

Caygill H., «The Fate of the Pariah: Arendt and Kafka's "Nature Theatre of Oklahama"», *College Literature*, vol. 38, no. 1, 2011, pp. 1-14.

Chalier C., *Le lettere della creazione*, traduzione di D. Simeone, Giuntina, Firenze 2011.

Cohen N., «The Betrayed(?) Wills of Kafka and Brod», *Law and Literature*, Spring 2015, vol. 27, no. 1, pp. 1-21.

Cohn D., «Kafka's Eternal Present: Narrative Tense in "Ein Landarzt" and Other First-Person Stories», *PMLA*, vol. 83, no. 1, 1968, pp. 144-150.

Constantine D., *Kafka's writing and our reading*, in J. Preece (edited by), *The Cambridge Companion to Kafka*, Cambridge University Press, Cambridge 2002, pp. 9-24.

Conti C., «Justice for Josef K.: Bringing Myth to an End in Kafka's *Trial*», *New German Critique*, 124, vol. 42, no. 1, February 2015, pp. 99-128.

Corngold S., *Franz Kafka. The Necessity of Form*, Cornell University Press, Ithaca and London 1988.

Id., *Lambent Traces. Franz Kafka*, Princeton University Press, Princeton and Oxford 2004.

Id. (edited by), «Kafkas *Spätstil* / Kafka's Late Style», *Monatshefte*, vol. 103, no. 3, 2011.

Crescenzi L., *Le* Conversazioni con Kafka *di*

Gustav Janouch. Vero e falso nella testimonianza dialogica, in *Le vie del falso. Storia, letteratura, arte*, a cura di A. Comboni e S. La Barbera, il Mulino, Bologna 2023, pp. 317-330.

David C., *Franz Kafka*, traduzione di R. Morteo, Einaudi, Torino 1992.

Deleuze G.-Guattari F., *Kafka. Per una letteratura minore*, traduzione di A. Serra, Quodlibet, Macerata 1996.

Di Noi B., *In verità, non so nemmeno raccontare... Memoria e oblio nella narrativa di Franz Kafka*, Biblion, Milano 2009.

Dodd B., *The case for a political reading*, in Preece J. (edited by), *The Cambridge Companion to Kafka*, Cambridge University Press, Cambridge 2002, pp. 131-149.

Doležel L., «Kafka's Fictional World», *Canadian Review of Comparative Literature*, vol. 11, no. 1, March 1984, pp. 61-83.

Duttlinger C., *Kafka and Photography*, Oxford University Press, Oxford 2007.

Id. (edited by), *Franz Kafka in Context*, Cambridge University Press, Cambridge 2018.

Eco U., *Kant e l'ornitorinco*, Bompiani, Milano 1997.

Emrich W., *Franz Kafka*, Athenäum-Verlag, Bonn 1958.

Flaubert G., *L'educazione sentimentale*, traduzione di L. Romano, introduzione di G. Bottiroli, con *Flaubert e il libro su niente* di C. Magris, Einaudi, Torino 2002.

Forster E.M., *Aspetti del romanzo*, prefazione di G. Pontiggia, traduzione di C. Pavolini, Garzanti, Milano 2018.

Foucault M., *Le parole e le cose. Un'archeologia delle scienze umane*, con un saggio critico di G. Canguilhem, traduzione di E. Panaitescu, Rizzoli, Milano 2010.

Frydman J., «Kafka, the Caribbean, and the Holocaust», *Interventions*, 2019, pp. 1087-1106.

Gaier U., «'Chorus of lies'-On interpreting Kafka», *German Life and Letters*, 22, 1969, pp. 283-296.

Genette G., *Figure. Retorica e strutturalismo*, traduzione di F. Madonia, Einaudi, Torino 1969.

Gray R., Gross R.V., Goebel R.J., Koelb C., *A Franz Kafka Encyclopedia*, Greenwood Press, Westport 2005.

Grözinger K.E., *Kafka e la Cabbalà*, traduzione di P. Buscaglione e C. Candela, La Giuntina, Firenze 1993.

Hedayàt S., *Il messaggio di Kafka*, a cura di F. Favelli e M. Pistoso, traduzione di F. Favelli, Edizioni Hestia, Milano 2001.

Hegel G.W.F., *Estetica*, a cura di N. Merker, traduzione di N. Merker e N. Vaccaro, Einaudi, Torino 1967.

Henel H., *Kafka meistert den Roman*, in David C. (herausgegeben von), *Franz Kafka. Themen und Probleme*, Vandenhoek & Ruprecht, Göttingen 1980, pp. 101-120.

Hoffman A.G., «Plotting the Landscape: Stories and Storytellers in *The Castle*», *Twentieth Century Literature*, vol. 27, no. 3 (Autumn, 1981), pp. 289-307.

Jany C., «Schriftkerben // Kerfs of Writing. A Phenomenology of Kafka's Stylus», *Monatshefte*, Fall 2011, vol. 103, no. 3, *Kafkas Spätstil / Kafka's Late Style*, pp. 396-415.

Jesenská M., *Qui non può trovarmi nessuno*, a cura di D. Rein, traduzione di D. Frediani, Giometti & Antonello, Macerata 2018.

Jolles A., *Forme semplici*, in *I travestimenti della letteratura. Saggi critici e teorici (1897-1932)*, a cura di S. Contarini, premessa di E. Raimondi, Bruno Mondadori, Milano 2003, pp. 253-451.

Kermode F., *Il segreto nella Parola. Sull'interpretazione della narrativa*, traduzione di M. Graziosi, il Mulino, Bologna 1993.

Kilcher A. (a cura di), *I disegni di Kafka*, traduzione di A. Vigliani, con una nota di R. Calasso, Adelphi, Milano 2022.

King M., *Sprachkrise*, in Feger H. (ed.), *Handbuch Literatur und Philosophie*, J.B. Metzler, Stuttgart 2012, pp. 159-177.

Kleist H.V., *Lettere alla fidanzata*, a cura di E. Pocar, Guanda, Milano 1978.

Koch H.-G. (a cura di), «*Quando Kafka mi venne incontro…*». *Ricordi di Franz Kafka*, traduzione di F. Selzer, nottetempo, Roma 2007.

Koelb C., *Editions*, in Duttlinger C. (edited by), *Franz Kafka in Context*, cit., pp. 293-301.

Kohn M., «Kafka's Critique of Colonialism», *Theory & Event*, vol. 8, issue 3, 2005.

Krapp P.-Tiedmann R., «Kafka Studies, the Culture Industry, and the Concept of Shame: Improper Remarks between Moral Philosophy and Philisophy of History», *Cultural Critique*, Spring 2005, no. 60, pp. 245-258.

Kuna F. (edited by), *On Kafka: Semi-Centenary Perspectives*, Elek Books, London 1976.

Kundera M., *L'arte del romanzo*, traduzione di E. Marchi, Adelphi, Milano 1988.

Id., *I testamenti traditi*, traduzione di E. Marchi, Adelphi, Milano 1994.

Laszlo K., *Childhood, Pedagogy and Education*, in Duttlinger C. (edited by), *Franz Kafka in Context*, cit., pp. 241-248.

Lawson R.H., «*Ungeheueres Ungeziefer* in Kafka's

"Die Verwandlung"», *The German Quarterly*, vol. 33, no. 3 (May, 1960), pp. 216-219.

Lemaire G.-G., *Kafka. Una biografia*, traduzione di V. Ballardini, Lindau, Torino 2015.

Levi P., *Gli scarabei*, in *L'altrui mestiere*, Einaudi, Torino 1985, pp. 176-180.

Id., *Conversazioni e interviste 1963-1987*, a cura di M. Belpoliti, Einaudi, Torino 1997.

Lewis C.S., *Diario di un dolore*, traduzione di A. Ravano, Adelphi, Milano 1990.

Lothe J., Sandberg B. & Speirs R. (edited by), *Franz Kafka: Narration, Rhetoric, and Reading*, The Ohio University Press, Columbus 2011.

Löwy M., *Kafka sognatore ribelle*, traduzione di G. Lagomarsino, prefazione di G. Fontana, elèuthera, Milano 2022.

Magris C.-Paccagnini E., «Ma senza etica esiste la letteratura?», *Vita e pensiero*, 3, 2005, pp. 70-79.

Malmsheimer R.R., «Kafka's "Nature Theatre of Oklahoma": The end of Karl Rossman's Journey to Maturity», *Modern Fiction Studies*, vol. 13, no. 4, 1967-1968, pp. 493-501.

Mann T., *Tonio Kröger*, introduzione di G. Baioni, traduzione di A.R. Azzone Zweifel, Rizzoli, Milano 1977.

Massino G., *Fuoco inestinguibile. Franz Kafka,*

Jizchak Löwy e il teatro yiddish polacco, Bulzoni, Roma 2002.

Melazzini C., *Insegnare al principe di Danimarca*, a cura di C. Moreno, con una nota di C. Giunta, Sellerio, Palermo 2023.

Miller E.R., «Without a Key: The Narrative Structure of *Das Schloß*», *The Germanic Review*, 66:3, 1991, pp. 132-140.

Miron D., *The Animal in the Synagogue. Franz Kafka's Jewishness*, Lexington Books, London 2019.

Mittner L., *Kafka senza kafkismi*, in *La letteratura tedesca del Novecento. Con tre saggi su Goethe*, Einaudi, Torino 1995, pp. 249-294.

Montani P., *Arte e verità dall'antichità alla filosofia contemporanea. Un'introduzione all'estetica*, Laterza, Roma-Bari 2002.

Nabokov V., *Lezioni di letteratura*, a cura di F. Bowers, introduzione di J. Updike, traduzione di F. Pece, Adelphi, Milano 2018.

Nekula M., *Franz Kafka and His Prague Contexts. Studies on Language and Literature*, Karolinum Press, Charles University, Prague 2016.

Nervi M., Il processo *di Kafka. Un'altra idea di letteratura*, Carocci editore, Roma 2019.

Nietzsche F., *Umano, troppo umano. Volume secondo*, nota introduttiva di M. Montinari, versione di S. Giammetta, Adelphi, Milano 1981.

Norris M., «Kafka's Josefine: The Animal as the Negative Site of Narration», *MLN*, vol. 98, no. 3, German Issue (April, 1983), pp. 366-383.

Parmet H.L., «The Jewish Essence of Franz Kafka», *Shofar*, vol. 13, no. 2 (Winter 1995), pp. 28-43.

Pascal R., *Kafka's Narrators. A Study of his Stories and Sketches*, Cambridge University Press, Cambridge 1982.

Peters P., «Witness to the Execution: Kafka and Colonialism», *Monatshefte*, vol. 93, no. 4, 2001, pp. 401-425.

Pontiggia G., *Le sabbie immobili*, il Mulino, Bologna 1991.

Preece J. (edited by), *The Cambridge Companion to Kafka*, Cambridge University Press, Cambridge 2002.

Racheli A.M., *Il luogo kafkiano*, Dedalo libri, Bari 1979.

Rebora S.-Salgaro M., «Is "Late Style" measurable? A stylometric analysis of Johann Wolfgang Goethe's, Robert Musil's, and Franz Kafka's late works», *Elephant & Castle*, no. 18, novembre 2018, pp. 4-39.

Robert M., *Solo come Kafka*, traduzione di M. Beer, Editori Riuniti, Roma 1982.

Robertson R., *Kafka: Judaism, Politics and Literature*, Clarendon, Oxford 1985.

Id., *Style*, in C. Duttlinger (edited by), *Franz Kafka in Context*, cit., pp. 62-69.

Salgaro M., «Kafka è kafkiano?», *Cultura tedesca*, no. 35, luglio-dicembre 2008, pp. 211-226.

Sandberg B., *Starting in the middle? Complications of narrative beginnings and progression in Kafka*, in Lothe J., Sandberg B. & Speirs R. (edited by), *Franz Kafka: Narration, Rhetoric, and Reading*, cit., pp. 123-148.

Sartre J.-P., *Che cos'è la letteratura?*, a cura di F. Brioschi, Mondadori, Milano 1990.

Satta S., *Il mistero del processo*, Adelphi, Milano 1994.

Savinio A., *Ascolto il tuo cuore, città*, Adelphi, Milano 1984.

Scholem G., *Il Nome di Dio e la teoria cabbalistica del linguaggio*, traduzione di A. Fabris, Adelphi, Milano 1998.

Schonfeld E., «*H'arut*: A Jewish Reading of Kafka's *In the Penal Colony*», *Naharaim*, vol. 15, issue 1, 2021, pp. 89-114.

Schuman R., *Kafka and Wittgenstein. The Case for an Analytic Modernism*, Northwestern University Press, Evanston 2015.

Sebald W.G., *The Law of Ignominy: Authority, Messianism and Exile in the* Castle, in Kuna F. (ed.), *On Kafka: Semi-Centenary Perspectives*, Elek Books, London 1976, pp. 42-58.

Sereny G., *In quelle tenebre*, traduzione di A. Bianchi, Adelphi, Milano 1994.

Sofri A., *Una variazione di Kafka*, Sellerio, Palermo 2018.

Id., *Piccola posta*, «il Foglio», 22.12.2021.

Sokel W.H., *The Myth of Power and the Self. Essays on Franz Kafka*, Wayne State University Press, Detroit 2002.

Stach R., *Kafka: The Decisive Years*, translated by S. Frisch, Princeton University Press, Princeton 2005.

Id., *Kafka: The Years of Insight*, translated by S. Frisch, Princeton University Press, Princeton 2013.

Id., *Questo è Kafka? 99 reperti*, traduzione di S. Dimarco e R. Cazzola, Adelphi, Milano 2016.

Id., *Kafka: The Early Years*, translated by S. Frisch, Princeton University Press, Princeton 2017.

Steiner G., «On Difficulty», *The Journal of Aesthetics and Art Criticism*, vol. 36, no. 3 (Spring, 1978), pp. 263-276.

Id., *Vere presenze*, in *Nessuna passione spenta. Saggi 1978-1996*, traduzione di C. Béguin, Garzanti, Milano 2001, pp. 28-48.

Id., *La nostra terra, il testo*, in *Nessuna passione spenta*, cit., pp. 221-245.

Susman M., *Giobbe e Kafka. La contesa con Dio*, a cura di G. Ghia, Morcelliana, Brescia 2019.

Troscianko E.T., *Reading Kafka*, in C. Duttlinger (edited by), *Franz Kafka in Context*, cit., pp. 283-292.
Tuckerova V., *Reading Kafka in Prague: The Reception of Franz Kafka between the East and the West during the Cold War*, https://doi.org/10.7916/D84J0C5K.

Urzidil J., *Di qui passa Kafka*, traduzione di M. Carbonaro, Adelphi, Milano 2002.

Wagenbach K., *Franz Kafka. Immagini della sua vita*, traduzione di R. Colorni, Adelphi 1983.
Id., *Kafka. Una battaglia per l'esistenza*, traduzione di E. Pocar, il Saggiatore, Milano 2023.
Warner M., *C'era una volta. Piccola storia della fiaba*, traduzione di B. Lazzaro, Donzelli, Roma 2021.
Weller S., *Language and Negativity in European Modernism*, Cambridge University Press, Cambridge 2018.
Wolff K., *Franz Kafka*, traduzione di F. Cavagnoli, Adelphi, Milano 2001.
Woods M., *Kafka Translated. How Translators have Shaped our Reading of Kafka*, Bloomsbury Academic, New York-London 2014.

Zampa G., Der Prozess*: Romanzo o frammenti*, in F. Kafka, *Il processo*, a cura e con un saggio di G. Zampa, Adelphi, Milano 1973, pp. 265-315.

Zilcosky J., *Kafka's Travels. Exoticism, Colonialism, and the Traffic of Writing*, Palgrave MacMillan, New York 2003.

Ziolkowski T., *Law*, in C. Duttlinger (edited by), *Franz Kafka in Context*, cit., pp. 183-190.

Zumhagen-Yekplé K., «The Everyday's Fabulous Beyond: Nonsense, Parable, and the Ethics of the Literary in Kafka and Wittgenstein», *Comparative Literature*, 64:4, 2012, pp. 429-445.

Indice

Kafka. Un mondo di verità

Questo volume è stato stampato
su carta Arena Ivory Smooth
delle Cartiere Fedrigoni
nel mese di marzo 2024

Stampa: Officine Grafiche soc. coop., Palermo

Legatura: LE.I.MA. s.r.l., Palermo

La memoria

Ultimi volumi pubblicati

1000 La memoria di Elvira
1001 Andrea Camilleri. La giostra degli scambi
1002 Enrico Deaglio. Storia vera e terribile tra Sicilia e America
1003 Francesco Recami. L'uomo con la valigia
1004 Fabio Stassi. Fumisteria
1005 Alicia Giménez-Bartlett, Marco Malvaldi, Antonio Manzini, Santo Piazzese, Francesco Recami, Gaetano Savatteri. Turisti in giallo
1006 Bill James. Un taglio radicale
1007 Alexander Langer. Il viaggiatore leggero. Scritti 1961-1995
1008 Antonio Manzini. Era di maggio
1009 Alicia Giménez-Bartlett. Sei casi per Petra Delicado
1010 Ben Pastor. Kaputt Mundi
1011 Nino Vetri. Il Michelangelo
1012 Andrea Camilleri. Le vichinghe volanti e altre storie d'amore a Vigàta
1013 Elvio Fassone. Fine pena: ora
1014 Dominique Manotti. Oro nero
1015 Marco Steiner. Oltremare
1016 Marco Malvaldi. Buchi nella sabbia
1017 Pamela Lyndon Travers. Zia Sass
1018 Giosuè Calaciura, Gianni Di Gregorio, Antonio Manzini, Fabio Stassi, Giordano Tedoldi, Chiara Valerio. Storie dalla città eterna
1019 Giuseppe Tornatore. La corrispondenza
1020 Rudi Assuntino, Wlodek Goldkorn. Il guardiano. Marek Edelman racconta
1021 Antonio Manzini. Cinque indagini romane per Rocco Schiavone

1022 Lodovico Festa. La provvidenza rossa
1023 Giuseppe Scaraffia. Il demone della frivolezza
1024 Colin Dexter. Il gioiello che era nostro
1025 Alessandro Robecchi. Di rabbia e di vento
1026 Yasmina Khadra. L'attentato
1027 Maj Sjöwall, Tomas Ross. La donna che sembrava Greta Garbo
1028 Daria Galateria. L'etichetta alla corte di Versailles. Dizionario dei privilegi nell'età del Re Sole
1029 Marco Balzano. Il figlio del figlio
1030 Marco Malvaldi. La battaglia navale
1031 Fabio Stassi. La lettrice scomparsa
1032 Esmahan Aykol, Gian Mauro Costa, Alicia Giménez-Bartlett, Marco Malvaldi, Antonio Manzini, Francesco Recami, Gaetano Savatteri. Il calcio in giallo
1033 Sergej Dovlatov. Taccuini
1034 Andrea Camilleri. L'altro capo del filo
1035 Francesco Recami. Morte di un ex tappezziere
1036 Alan Bradley. Flavia de Luce e il delitto nel campo dei cetrioli
1037 Manuel Vázquez Montalbán. Io, Franco
1038 Antonio Manzini. 7-7-2007
1039 Luigi Natoli. I Beati Paoli
1040 Gaetano Savatteri. La fabbrica delle stelle
1041 Giorgio Fontana. Un solo paradiso
1042 Dominique Manotti. Il sentiero della speranza
1043 Marco Malvaldi. Sei casi al BarLume
1044 Ben Pastor. I piccoli fuochi
1045 Luciano Canfora. 1956. L'anno spartiacque
1046 Andrea Camilleri. La cappella di famiglia e altre storie di Vigàta
1047 Nicola Fantini, Laura Pariani. Che Guevara aveva un gallo
1048 Colin Dexter. La strada nel bosco
1049 Claudio Coletta. Il manoscritto di Dante
1050 Giosuè Calaciura, Andrea Camilleri, Francesco M. Cataluccio, Alicia Giménez-Bartlett, Antonio Manzini, Francesco Recami, Fabio Stassi. Storie di Natale
1051 Alessandro Robecchi. Torto marcio
1052 Bill James. Uccidimi
1053 Alan Bradley. La morte non è cosa per ragazzine

1054 Émile Zola. Il denaro
1055 Andrea Camilleri. La mossa del cavallo
1056 Francesco Recami. Commedia nera n. 1
1057 Marco Consentino, Domenico Dodaro, Luigi Panella. I fantasmi dell'Impero
1058 Dominique Manotti. Le mani su Parigi
1059 Antonio Manzini. La giostra dei criceti
1060 Gaetano Savatteri. La congiura dei loquaci
1061 Sergio Valzania. Sparta e Atene. Il racconto di una guerra
1062 Heinz Rein. Berlino. Ultimo atto
1063 Honoré de Balzac. Albert Savarus
1064 Alicia Giménez-Bartlett, Marco Malvaldi, Antonio Manzini, Francesco Recami, Alessandro Robecchi, Gaetano Savatteri. Viaggiare in giallo
1065 Fabio Stassi. Angelica e le comete
1066 Andrea Camilleri. La rete di protezione
1067 Ben Pastor. Il morto in piazza
1068 Luigi Natoli. Coriolano della Floresta
1069 Francesco Recami. Sei storie della casa di ringhiera
1070 Giampaolo Simi. La ragazza sbagliata
1071 Alessandro Barbero. Federico il Grande
1072 Colin Dexter. Le figlie di Caino
1073 Antonio Manzini. Pulvis et umbra
1074 Jennifer Worth. Le ultime levatrici dell'East End
1075 Tiberio Mitri. La botta in testa
1076 Francesco Recami. L'errore di Platini
1077 Marco Malvaldi. Negli occhi di chi guarda
1078 Pietro Grossi. Pugni
1079 Edgardo Franzosini. Il mangiatore di carta. Alcuni anni della vita di Johann Ernst Biren
1080 Alan Bradley. Flavia de Luce e il cadavere nel camino
1081 Anthony Trollope. Potete perdonarla?
1082 Andrea Camilleri. Un mese con Montalbano
1083 Emilio Isgrò. Autocurriculum
1084 Cyril Hare. Un delitto inglese
1085 Simonetta Agnello Hornby, Esmahan Aykol, Andrea Camilleri, Gian Mauro Costa, Alicia Giménez-Bartlett, Marco Malvaldi, Antonio Manzini, Santo Piazzese, Francesco Recami, Alessandro Robecchi, Gaetano Savatteri, Fabio Stassi. Un anno in giallo

1086 Alessandro Robecchi. Follia maggiore
1087 S. N. Behrman. Duveen. Il re degli antiquari
1088 Andrea Camilleri. La scomparsa di Patò
1089 Gian Mauro Costa. Stella o croce
1090 Adriano Sofri. Una variazione di Kafka
1091 Giuseppe Tornatore, Massimo De Rita. Leningrado
1092 Alicia Giménez-Bartlett. Mio caro serial killer
1093 Walter Kempowski. Tutto per nulla
1094 Francesco Recami. La clinica Riposo & Pace. Commedia nera n. 2
1095 Margaret Doody. Aristotele e la Casa dei Venti
1096 Antonio Manzini. L'anello mancante. Cinque indagini di Rocco Schiavone
1097 Maria Attanasio. La ragazza di Marsiglia
1098 Duško Popov. Spia contro spia
1099 Fabio Stassi. Ogni coincidenza ha un'anima
1100
1101 Andrea Camilleri. Il metodo Catalanotti
1102 Giampaolo Simi. Come una famiglia
1103 P. T. Barnum. Battaglie e trionfi. Quarant'anni di ricordi
1104 Colin Dexter. La morte mi è vicina
1105 Marco Malvaldi. A bocce ferme
1106 Enrico Deaglio. La zia Irene e l'anarchico Tresca
1107 Len Deighton. SS-GB. I nazisti occupano Londra
1108 Maksim Gor'kij. Lenin, un uomo
1109 Ben Pastor. La notte delle stelle cadenti
1110 Antonio Manzini. Fate il vostro gioco
1111 Andrea Camilleri. Gli arancini di Montalbano
1112 Francesco Recami. Il diario segreto del cuore
1113 Salvatore Silvano Nigro. La funesta docilità
1114 Dominique Manotti. Vite bruciate
1115 Anthony Trollope. Phineas Finn
1116 Martin Suter. Il talento del cuoco
1117 John Julius Norwich. Breve storia della Sicilia
1118 Gaetano Savatteri. Il delitto di Kolymbetra
1119 Roberto Alajmo. Repertorio dei pazzi della città di Palermo
1120 Andrea Camilleri, Gian Mauro Costa, Alicia Giménez-Bartlett, Marco Malvaldi, Dominique Manotti, Santo Piazzese, Francesco Recami, Gaetano Savatteri. Una giornata in giallo
1121 Giosuè Calaciura. Il tram di Natale

1122 Antonio Manzini. Rien ne va plus
1123 Uwe Timm. Un mondo migliore
1124 Franco Lorenzoni. I bambini ci guardano. Una esperienza educativa controvento
1125 Alicia Giménez-Bartlett. Exit
1126 Claudio Coletta. Prima della neve
1127 Alejo Carpentier. Guerra del tempo
1128 Lodovico Festa. La confusione morale
1129 Jenny Erpenbeck. Di passaggio
1130 Alessandro Robecchi. I tempi nuovi
1131 Jane Gardam. Figlio dell'Impero Britannico
1132 Andrea Molesini. Dove un'ombra sconsolata mi cerca
1133 Yokomizo Seishi. Il detective Kindaichi
1134 Ildegarda di Bingen. Cause e cure delle infermità
1135 Graham Greene. Il console onorario
1136 Marco Malvaldi, Glay Ghammouri. Vento in scatola
1137 Andrea Camilleri. Il cuoco dell'Alcyon
1138 Nicola Fantini, Laura Pariani. Arrivederci, signor Čajkovskij
1139 Francesco Recami. L'atroce delitto di via Lurcini. Commedia nera n. 3
1140 Gian Mauro Costa, Marco Malvaldi, Santo Piazzese, Francesco Recami, Alessandro Robecchi, Gaetano Savatteri, Giampaolo Simi, Fabio Stassi. Cinquanta in blu. Otto racconti gialli
1141 Colin Dexter. Il giorno del rimorso
1142 Maurizio de Giovanni. Dodici rose a Settembre
1143 Ben Pastor. La canzone del cavaliere
1144 Tom Stoppard. Rosencrantz e Guildenstern sono morti
1145 Franco Cardini. Lawrence d'Arabia. La vanità e la passione di un eroico perdente
1146 Giampaolo Simi. I giorni del giudizio
1147 Katharina Adler. Ida
1148 Francesco Recami. La verità su Amedeo Consonni
1149 Graham Greene. Il treno per Istanbul
1150 Roberto Alajmo, Maria Attanasio, Giosuè Calaciura, Davide Camarrone, Giorgio Fontana, Alicia Giménez-Bartlett, Antonio Manzini, Andrea Molesini, Uwe Timm. Cinquanta in blu. Storie
1151 Adriano Sofri. Il martire fascista. Una storia equivoca e terribile

1152 Alan Bradley. Il gatto striato miagola tre volte. Un romanzo di Flavia de Luce
1153 Anthony Trollope. Natale a Thompson Hall e altri racconti
1154 Furio Scarpelli. Amori nel fragore della metropoli
1155 Antonio Manzini. Ah l'amore l'amore
1156 Alejo Carpentier. L'arpa e l'ombra
1157 Katharine Burdekin. La notte della svastica
1158 Gian Mauro Costa. Mercato nero
1159 Maria Attanasio. Lo splendore del niente e altre storie
1160 Alessandro Robecchi. I cerchi nell'acqua
1161 Jenny Erpenbeck. Storia della bambina che volle fermare il tempo
1162 Pietro Leveratto. Il silenzio alla fine
1163 Yokomizo Seishi. La locanda del Gatto nero
1164 Gianni Di Gregorio. Lontano lontano
1165 Dominique Manotti. Il bicchiere della staffa
1166 Simona Tanzini. Conosci l'estate?
1167 Graham Greene. Il fattore umano
1168 Marco Malvaldi. Il borghese Pellegrino
1169 John Mortimer. Rumpole per la difesa
1170 Andrea Camilleri. Riccardino
1171 Anthony Trollope. I diamanti Eustace
1172 Fabio Stassi. Uccido chi voglio
1173 Stanisław Lem. L'Invincibile
1174 Francesco Recami. La cassa refrigerata. Commedia nera n. 4
1175 Uwe Timm. La scoperta della currywurst
1176 Szczepan Twardoch. Il re di Varsavia
1177 Antonio Manzini. Gli ultimi giorni di quiete
1178 Alan Bradley. Un posto intimo e bello
1179 Gaetano Savatteri. Il lusso della giovinezza
1180 Graham Greene. Una pistola in vendita
1181 John Julius Norwich. Il Mare di Mezzo. Una storia del Mediterraneo
1182 Simona Baldelli. Fiaba di Natale. Il sorprendente viaggio dell'Uomo dell'aria
1183 Alicia Giménez-Bartlett. Autobiografia di Petra Delicado
1184 George Orwell. Millenovecentottantaquattro
1185 Omer Meir Wellber. Storia vera e non vera di Chaim Birkner
1186 Yasmina Khadra. L'affronto

1187 Giampaolo Simi. Rosa elettrica
1188 Concetto Marchesi. Perché sono comunista
1189 Tom Stoppard. L'invenzione dell'amore
1190 Gaetano Savatteri. Quattro indagini a Màkari
1191 Alessandro Robecchi. Flora
1192 Andrea Albertini. Una famiglia straordinaria
1193 Jane Gardam. L'uomo col cappello di legno
1194 Eugenio Baroncelli. Libro di furti. 301 vite rubate alla mia
1195 Alessandro Barbero. Alabama
1196 Sergio Valzania. Napoleone
1197 Roberto Alajmo. Io non ci volevo venire
1198 Andrea Molesini. Il rogo della Repubblica
1199 Margaret Doody. Aristotele e la Montagna d'Oro
1200
1201 Andrea Camilleri. La Pensione Eva
1202 Antonio Manzini. Vecchie conoscenze
1203 Lu Xun. Grida
1204 William Lindsay Gresham. Nightmare Alley
1205 Colin Dexter. Il più grande mistero di Morse e altre storie
1206 Stanisław Lem. Ritorno dall'universo
1207 Marco Malvaldi. Bolle di sapone
1208 Andrej Longo. Solo la pioggia
1209 Andrej Longo. Chi ha ucciso Sarah?
1210 Yasmina Khadra. Le rondini di Kabul
1211 Ben Pastor. La Sinagoga degli zingari
1212 Andrea Camilleri. La prima indagine di Montalbano
1213 Davide Camarrone. Zen al quadrato
1214 Antonio Castronuovo. Dizionario del bibliomane
1215 Karel Čapek. L'anno del giardiniere
1216 Graham Greene. Il terzo uomo
1217 John Julius Norwich. I normanni nel Sud. 1016-1130
1218 Alicia Giménez-Bartlett, Andrej Longo, Marco Malvaldi, Antonio Manzini, Santo Piazzese, Francesco Recami, Alessandro Robecchi, Gaetano Savatteri, Giampaolo Simi, Fabio Stassi, Simona Tanzini. Una settimana in giallo
1219 Stephen Crane. Il segno rosso del coraggio
1220 Yokomizo Seishi. Fragranze di morte
1221 Antonio Manzini. Le ossa parlano
1222 Hans von Trotha. Le ultime ore di Ludwig Pollak
1223 Antonia Spaliviero. La compagna Natalia

1259 Uwe Timm. Come mio fratello
1260 Dario Ferrari. La ricreazione è finita
1261 Giorgio Manganelli. Mia anima carnale
1262 Fabio Stassi. Notturno francese
1263 Alessandro Robecchi. Cinque blues per la banda Monterossi
1264 Alessandro Barbero. Brick for stone
1265 Franco Lorenzoni. Educare controvento. Storie di maestre e maestri ribelli
1266 Caterina Cardona. Un matrimonio epistolare
1267 Davide Enia. Così in terra
1268 Jane Gardam. L'eterno rivale
1269 Sonya Orfalian. Alfabeto dei piccoli armeni
1270 Andrea Camilleri. La paura di Montalbano
1271 Maria Judite de Carvalho. Gli armadi vuoti
1272 Roberto Alajmo. La boffa allo scecco
1273 Antonio Manzini. ELP
1274 Graham Greene. Brighton Rock
1275 Henry Cauvain. L'investigatore Maximilien Heller
1276 Francesco Recami. Colpo grosso ai Frigoriferi Milanesi
1277 Thornton Wilder. Il ponte di San Luis Rey
1278 Andrea Molesini. Non si uccide di martedì
1279 Santo Piazzese. Sei casi per Lorenzo La Marca
1280 Yokomizo Seishi. Il teatro fantasma
1281 Furio Scarpelli. Si ricorda di me, signor tenente?
1282 Hans Sahl. I pochi e i molti. Romanzo di un'epoca
1283 Marco Malvaldi. La morra cinese
1284 Giampaolo Simi. Il cliente di riguardo
1285 Dolores Hitchens. La gatta ha visto tutto
1286 Adriano Sofri. C'era la guerra in Cecenia
1287 Federico Maria Sardelli. Lucietta. Organista di Vivaldi
1288 Antonio Manzini. Riusciranno i nostri eroi a ritrovare l'amico misteriosamente scomparso in Sud America?
1289 Ben Pastor. La finestra sui tetti e altri racconti con Martin Bora
1290 Andrea Camilleri. Il giudice Surra e altre indagini in Sicilia
1291 Alicia Giménez-Bartlett, Marco Malvaldi, Antonio Manzini, Santo Piazzese, Francesco Recami, Alessandro Robecchi, Gaetano Savatteri, Simona Tanzini. Cucina in giallo
1292 Andrej Longo. La forma dei sogni

1293 Yasmina Khadra. Cosa sognano i lupi?
1294 Vanessa Roghi. Un libro d'oro e d'argento. Intorno alla *Grammatica della fantasia* di Gianni Rodari
1295 Graham Greene. Fine di una storia
1296 Alessandro Robecchi. Pesci piccoli
1297 Lu Xun. Antiche storie riscritte
1298 Chiara Valerio. Chi dice e chi tace